내 마음의 강

반영호
산문집

찬샘

내 마음의 강

초판1쇄 발행 2025년 10월 31일

지은이 : 반영호
편집 디자인 : 문민경
펴낸곳 : 찬샘
출판등록번호 : 제447-2007-000005
주소 : 충북 음성군 음성읍 중앙로130
전화 : 010-3507-3567
팩스 : 043)873-3567
이메일 : byh050@hanmail.net

*책값은 뒤표지에 있습니다
*저자와 협의아래 인지를 생략합니다
*저자 허락과 출판사 동의없이 내용의 일부를 인용 발췌를 금합니다

ISBN 978-89-97376-84-1

서언

신문 칼럼을 20여 년 동안 썼다. 가만 생각해 보면 참 오랜 세월이다. 칼럼은 시사, 사회, 풍속 등 특정한 주제에 대해 필자 개인의 의견이나 견해를 논평하는 것이므로 문학작품과는 좀 거리가 있다.

사실 칼럼니스트보다는 문학인이라야 옳은 내 입장에서 섣불리 이름을 걸고 세상에 이 책을 내보낸다는 게 영 마음에 걸렸지만, 그동안의 수고를 생각하면 이대로 사장시킨다는 게 아쉬워, 뺄 건 빼고 대충 모아보니 무려 다섯 권 분량이다. 허투루 지나쳐 보낼 수 없는 세월의 흔적과 성찰이 페이지마다 고스란히 담겨 있었다.

결국 눈 딱 감고 용기를 내어 출간키로 했다. 문학인의 감각으로 바라본 20여 년간의 세상 풍경, 그리고 그 속에서 치열하게 살아낸 한 인간의 솔직한 고백을 이제야 비로소 독자들과 나눌 수 있게 되어 기쁘다. 이 책이 독자 여러분에게 찰나의 위로이자 깊은 사유의 기회가 되기를 바라며, 지나는 세월 속 작은 등불이 되기를 기대한다.

2025년 가을에
반 영 호

목차

작은 영웅들	8
이 가을에	12
또 하나의 사랑	19
내 마음의 강	21
그 눈동자	34
단풍잎 다 지기 전에	38
봄이 오는 소리	41
선거와 후보자	44
적과의 동침	47
DMZ비무장 지대	51
여름을 이기자	64
보물과 고물	68
네 것과 내 것	72
자전거를 타며	78
새해 아침	81
겨울나기	85
변치 않는 백년숙적	88
밟아야 큰다	92
기가 센 민족	96
어떤 여행	99

풍년의 역설	102
상엿소리	105
닮은 듯 닮지 않은가 싶은데 닮았네	109
나는 다시 태어나도	112
맹물로 가는 차	116
하부 하빠	123
아름다운 동거	126
숨바꼭질	129
총칼 없는 전쟁	133
전화위복	137
촌철살인	141
이웃집 강적들	145
나는 사람에게 충성하지 않는다	149
가지치기와 순자르기	153
안전하고 효율성 있는 신생에너지	156
숙적과 난적	159
기호지세	163
에미야	166
예쁜 글씨	170

작은
영웅들

엊그저께 저녁에 고향 선배님댁을 갔었다. 선배는 공직 생활을 하다 정년퇴직을 하였다. 그런데 몇 년 전 뇌졸중으로 쓰러졌다. 그럼에도, 힘든 일을 마다치 않고 열심이다. 한우 10마리를 관리하고 논과 밭농사를 짓고 있다.

멀쩡한 몸으로도 힘겨울 텐데 손발이 불편한 신체지만 어려서부터 몸에 밴 부지런함은 예나 지금이나 여전하다.

소는 기르기에 어려움이 없고 논농사 역시 그럭저럭 수월하나 밭농사가 고민이란다. 물론 축사를 돌보거나 논 관리를 하는 것보다 밭일이 힘들지만나 몸으로 때우면 되는데 고라니만은 어쩔 수가 없단다. 키 높이로 높게 울타리를 쳐놓아도 뛰어넘어서는 농작물을 해친다는 것이다.

또 어렵사리 이렇게 저렇게 가꿔놓고 나면 결실을 볼 즈음엔 각종 조류와 멧돼지가 극성을 부려 농사를 망치고 만단다.

이런저런 농사이야기를 하던 중 시를 배우고 싶다고 하였다.

모처럼 반가운 소식이다.

요즘 누가 머리 아픈 문학을 하겠다는 사람이 있던가? 늦은 나이에 선 듯 결심을 내려준 선배가 고마워 오랜만에 기쁜 마음으로 어쭙잖은 실력을 발휘해 문학에 대하여 수다를 떨었다. 가방끈이 긴 선배는 일찍이 시에도 심취한 적이 있어 이해가 빨랐다.

밤늦게야 돌아오게 되었다. 오는 길에 차들이 길게 늘어섰다. 시골길에 정체될 이유가 전혀 없을 텐데 웬일인가 싶어 내려가 보았다. 교통사고였다. 고라니를 피하려다 마주 오던 차와 충돌한 사고다. 그 순간 이런 글이 떠올랐다.

- 작은 영웅들 -

차들이 분주하게 오가는 도로에
자동차 한 대가 누워 있다
지나던 차량이 멈춰 서고 운전자들이 하나 둘 사고 현장으로 모인다
주변에 있던 다른 사람들도 일제히 차에서 내려
각자 도울 일을 찾아 일사불란하게 움직인다
어떤 이는 소화기로 불을 끄고
어떤 이들은 운전자를 구조하고자 차 위로 올라가고

어떤 이는 휴대전화기로 구급차를 부르고
어떤 이는 파편조각들을 치운다
고민도 하지 않고 바로 사고 현장으로 모여
위험에 빠진 사람들을 구조하고 하나같이 일상 속으로 사라진다
어느 누구도 대가를 바라지 않았다
자신을 던져가면서 심지어 부상을 당해가면서
어려움에 처한 남을 돕는 사람들
이들이 세상을 따뜻하게 만들고 있다

사실대로 적었으면서 누구나 단숨에 읽고 감동할 수 있는 리얼리즘의 현장성 넘치는 좋은 작품이다. 시가 별것인가?
한쪽에선 야생동물을 보호하자는 강력한 외침이 있는 가하면 농가에서는 야생동물로 인한 피해가 이만저만이 아닌 가운데 유해 야생동물 퇴치로 고민하는 농민들과의 아이러니한 관계에 있는 작금이다.
어제 문학아카데미에서 노천명의 시를 강의했다. 노천명 하면 떠오르는 사슴이다. 자연스럽게 사슴을 이야기하다가 고라니가 튀어나왔다. 아는 선배가 고라니 때문에 농사를 망친다고 하자 농사를 짓는다는 수강생이 껄껄 웃으며 그야말로 획기적

인 고라니 퇴치법을 내 놓았다. 콩 농사를 짓는데 새들이 하도 콩을 쪼아 먹어 독수리로 된 연을 띄워 놓았단다. 그런데 의외로 고라니까지 접근을 않는다는 것이다.

사슴과 고라니는 사촌 격으로 겁 많고 의심 많은 동물이다. 독수리 모양의 연을 보고 고라니가 놀라 콩밭을 어리대지 않는 것이다. 옳지. 이것이구나. 언능 선배에게 일러줘야겠다.

이
가을에

1

 벌초 날이다. 아침을 일찍 먹고 산소로 향했다. 자전거를 타고 농로 길을 따라 달리는 기분이 만연 상쾌하다. 100년 만의 폭염과 길고 긴 가뭄의 날들을 이겨낸 대견한 곡식들이 더욱 풍요롭게 보인다. 논둑길을 들어서면 '푸른 하늘 푸른 들이 맞붙은 곳으로, 가르마 같은 논길을 따라 꿈속을 가듯 걸어 만 간다.' 는 이상화의 「빼앗긴 들에도 봄은 오는가」란 시가 떠오른다.
 여성의 가르마는 옛날 여성들이 비녀를 꼽거나 양쪽으로 댕기를 따거나 양쪽으로 묶기 위하여 가마에서 양 눈 사이로 갈라서 뒤로 당겼기 때문에 머리를 가른다고 하여 가르마다. 논둑길을 중심으로 양옆에 고개 숙인 벼 이삭들이 마치 팔순을 바라보는 누님의 소녀적 가르마를 탄 청순한 그때 그 모습을 보는 듯하다. 가르마를 타고 양옆으로 묶은 머리는 토끼 같아서 '토깽이'

라고 놀리곤 했었다.

　논둑길을 깊게 들어갈수록 통통하게 살 오른 메뚜기들이 여기저기서 어지럽게 톡톡 튄다. 선친께서는 아침 일찍 물고를 보러 나가셨다가 메뚜기를 잡아 강아지풀 꽃대에 주렁주렁 한 꿰미씩이나 꿰어 오셨고, 어머닌 이를 볶아 반찬으로 만들어 술안주로 드리곤 하셨다. 모가 어릴 때 피사리를 해도 피가 돋아나는 게 많았다. 나는 처음 피사리를 할 때 피와 벼를 구분하지 못해 멀쩡한 벼를 뽑기도 했다. 벼 이삭이 돋아나면 벼와 피가 확연히 드러나는데 씨로 영근 피는 버리지 않고 훑어다 새 먹이로 썼다.

　논둑에는 쥐눈이콩이 심겨져 있다. 생김이 쥐의 눈과 비슷해 붙여졌는데 흔히 먹는 검은 콩인 서리태 보다 작고 윤기가 흐른다. 일반 콩보다 크기는 작지만 영양은 훨씬 풍부하며 노화방지 효과가 있다고 하여 예전에 많이 심었는데 요즘은 유방암 세포 전이를 억제하는 효과가 탁월하다고 한다. 지금도 궁금한 것은 왜 쥐눈이콩을 논두렁에 심는지는 알 수 없다. 크기가 작아 수확량도 적을 텐데 쥐눈이콩을 고집한 부모님이셨다.

　오면서 딴전을 피운 탓에 산소에는 꼴찌로 도착했다. 세대의 예초기 소리가 골짜기에 울려 퍼지고 있었는데, 청주 대전에서 동생들과 조카들이 이미 작업을 시작한 것이다. 그런데 제전과 날개만 깎고 정작 봉분은 그대로였다. 알고 보니 봉분에 옻나무가 있어 옷이 오를까 봐 다들 꺼리고 있었다. 결국, 옷 안타는 아들 몫이 되고 말았다. 아들은 오히려 기분 좋은 모습으로 벌초 작업을 했다.

생전에 삭발하시던 아버지다. '아버지. 더부룩하니 답답하셨을 텐데 시원하시겠어요.' 아직 예초기 다루는 솜씨가 서툰 아들은 직접 할아버지 봉분을 깎는다는데 큰 자부심을 느끼는 것 같다. '올해는 이 손자가 직접 이발을 해 드릴게요. 할아버지 좋으시죠?' '오냐. 이제 너도 많이 컸구나. 할아버지 이발도 해주고….' 작년 초에 결혼하고 겨울에 아빠가 된 아들이다. 자식을 낳더니 한껏 어른이 된 듯한 모습이 여간 대견하지 않다.

내리사랑이라고 했던가? 내가 아들을 낳았을 때보다도 아들이 낳은 손녀가 어찌 그리 예쁘고 사랑스러운지. 아침에 눈을 뜨자마자 아기를 찾고, 저녁엔 웬만한 모임엔 불참하여 아기를 보러 간다. 이렇게 아침 한 시간 저녁 두 시간을 손녀와 보내는 시간이 행복에 겹다. 아들을 닮았는가 싶다가도 어찌 보면 며느리를 닮았고, 며느리를 닮았지 싶은데 다시 보면 아들을 닮았다. 그런데 또 내가 손녀를 안고 대문을 나서보면 어떤 이는 '손녀가 할아버지를 쏙 **빼닮았군요?**' 한다.

그렇다. 콩 심은 데 콩 나고 팥 심은 데 팥 난다. 다른 도둑질은 다 해도 씨도둑질은 못한다는 말이다. 비슷하긴 해도 피 다르고 벼 다르다. 쥐눈이콩과 서리태가 모양은 비슷해도 엄연히 다른 콩이다. "아버지 이번 추석 성묘 때는 아버지 닮은 증손녀를 꼭 데려와 보이겠습니다."

2

엊그제까지만 해도 푸릇푸릇하여 추석 차례 상에도 올리지 못했던 울안 대추나무에 열매가 요 며칠 사이에 거짓말처럼 불긋불긋해 졌다. 40도에 육박하던 폭염 때는 아예 맛보기는 글렀구나 싶었던 대추다. 가을을 실감케 하는 건 대추 뿐이 아니다. 벌초 때 산소 근방의 밤들이 추석엔 아람이 쩍쩍 벌어져 알밤을 한 주머니씩 주웠다.

올 추석 차례는 산소에서 포와 과일만 간단히 차려 지냈다. 큰형수님이 팔을 다치셔서 음식장만을 못한 탓이다. 어차피 먼저 간 아내의 차례 상을 차려야 하는 나는 우리 집에서 선조까지 모시겠다 하였으나 완고한 큰형님은 제사는 옮겨 다니며 지내는 것이 아니라며 극구 반대하셨다. 아무리 아내 혼자만의 작은 차례라도 과일, 육류, 어류, 송편, 탕 등 구색을 갖춰야 하므로 있을 건 있는 셈인데 솔직히 지방만 함께 놓고 지내면 되는 것이었다.

　작년까지만 해도 처제가 도와주었으나 이번 추석 차례상은 며느리가 주도하였다. 친정이 독실한 기독교 집안이라 제사를 지내지 않으므로 제사상 차리는 법을 전혀 몰랐기 때문에 처제가 거들어 주었는데 도와준 것이 아니라 가르쳐 주었다고 해야 맞다. 그렇게 시집와서 첫해엔 배웠고 이번 추석엔 시어머니 차례 상을 차려야 했다.

　나도 몇 마디 제사상 금기 음식에 대하여 이야기해 주었다. 복숭아는 예로부터 귀신을 쫓는 과일로 알려졌다. 그래서 예전에 무당이 굿을 할 때나 귀신 들린 사람을 위하여 푸닥거리할 때면 복숭아나무 가지를 사용했다. 그러므로 복숭아가 제사상에 올려지면 조상의 혼이 올 수가 없으므로 복숭아를 사용하면 안 된다. 또한, 과일은 썩거나 벌레 먹은 것은 안 되고, 모양이 삐뚤어져 보기가 좋지않은 과일은 사용하지 않는다. 과일 윗부분을 자르는 것은 촉식(觸食)을 하려는 것인데 느낌만으로 배가 부를 수 있다고 하여 과일의 속살을 촉할 수 있게 함이다.

　다음은 어류로 끝 자가 치자로 끝나는 고기다. 바닷고기 중에서 치(稚)자로 끝나는 고기와 어字나 기字로 끝나는 고기가 있는데 어자나 기자로 끝나는 고기는 고급어종으로 분류된 고기들이며, 치자로 끝나는 고기(멸치, 꽁치, 갈치 등)는 하급 어종으로 분류하여서 조상님에 대한 예로서 최상의 음식을 대접한 다는 예의에서 비롯된 사상이다. 조기는 생선의 으뜸이라 제사상에 빠지지 않아야 하며, 명태(북어포)는 머리도 크고 알이 많아 부자가 되고 훌륭한 자식을 두라는 뜻에서 반드시 올린다.

그리고 고춧가루와 마늘인데 복숭아와 같은 맥락이다. 마늘이나 고춧가루(붉은색) 역시 귀신을 쫓는 음식으로 알려졌다. 마늘은 향이 너무 독해서, 고춧가루의 경우 붉은색을 생각하면 된다. 동짓날 팥죽을 쑤어서 잡귀를 예방하는 것과 같은 이치로 붉은색은 귀신이 싫어하는 색상이다. 김치는 써도 되지만 고춧가루가 없는 백김치가 무난하다.

다음은 비늘 없는 생선으로 뱀장어 종류나 메기 등을 이르는데 예로부터 비늘이 없는 생선은 부정(不淨)한 생선으로 구분하였으므로 부정한 음식을 조상에게 바칠 수 없다는 이유에서이다. 비늘이 있는 잉어는 제사상에 사용하지 않는데 이는 잉어가 성스러운 영물로 숭앙되기 때문이다.

제사상 차림은 가문마다 홍동백서니 조율이시, 어동육서, 배복방향 등 순서도 있고 여러 가지 제약사항이 있으나 여기에 꼭 얽매일 필요는 없다. 중요한 것은 정성이다. 며느리는 배운 대로 시킨 대로 잘 차려 칭찬을 들었다. 시집와서 첫 번째로 손수 차린 차례 상이었다.

또 하나의
사랑

 어디서 아기 우는소리가 들렸다. 자세히 들어보면 멀지 않은 곳에서 나는소리다. 꽤 오래전부터 들리는 아기의 울음. 밖을 나가봐도 우는 아기는 보이지 않았다. 혹시 뒤쪽인가 싶기도 하였으나 사무실 뒤쪽은 4층 건물로 꼭 막혀 있어 확인할 필요도 없는 곳이다. 어느 무심한 어미가 저토록 처절하게 우는 아기를 방치하고 있단 말인가. 아기는 어쩐 일로 저렇게 목이 터져라 우는 것일까. 너무나도 안타까움에 사무실을 나가 건물을 한 바퀴 돌아보았으나 역시 우는 아기의 모습은 보이지 않았다. 분명 근처 가까운 곳인데, 참으로 괴이한 일이로고…….

 저 아기는 어디가 얼마나 아픈 것일까. 저 아기의 어미는 또 무슨 사연으로 아기를 돌보지 못하는 것일까. 아직 10개월이 되지 않은 손녀가 있는 할아버지입장인 나는 어디선가 들리는 아기의 울음소리에 도통 일이 손에 잡히지 않았다.

 화곡동 어린이집 영아사망사건을 뉴스에서 접한 바 있다. 서울 화곡동에 있는 한 어린이집에서 생후 11개월 된 아이가 사망한 사건이다. CCTV 자료를 분석한 결과 보육교사가 아이를 엎드리게 한 채 이불을 씌우고 올라타 누르는 장면이 포착되었다. 애를 재우려고 이불을 덮어씌우고 올라타 압박했다니 도저히 이해할 수도 용서할 수도 없는 일이다.

언제는 또 아이를 구타하는 장면이 찍힌 동영상이 방영된 바 있었다. 많은 국민이 아들, 딸, 손자, 손녀를 생각하며 폭행 장면을 보고 크게 충격을 받고 분노하였다. 어린이집 폭행이 잊을만하면 계속 불거져 나오는데 과연 무엇이 문제이고 왜 이런 일들이 계속 발생하는지 우리 사회에서 다시는 이런 일이 일어나지 않도록 특단의 대책은 없을까.

해당 화곡동 어린이집에서 확보했던 CCTV 영상과 동료 보육교사들의 진술을 토대로 A씨가 학대를 일삼아온 것으로 드러났다니 어떻게 이런 사람이 보육교사가 되었을까. 국립과학수사연구소에서는 사망한 영아의 사인은 비구폐색성 질식사로 파악됐다. 비구폐색성 질식사란 코와 입이 동시에 기계적으로 폐색되어 사망하는 것을 말한다. 영아 사망 사건으로 A씨가 어떤 법적 처벌을 받을지 세간의 이목이 모인다.

어린이집이 단순히 아기를 돌보는 탁아의 개념이 아니다. 만 6세 이전에 인간의 언어의 50% 이상을 인간이 습득하기 때문에 어렸을 때, 영유아 때의 교육이 일평생을 좌우한다. 그래서 영유아보육과 유아교육과의 연계. 통합 문제를 종합적으로 검토해야 한다. TV를 여러 차례 반복해서 어린이집 아이 폭행 장면을 통해서 손녀를 가진 한 사람으로서 참 너무나 가슴이 아프다. 그리고 당황스럽다. 어떻게 저런 일이 이뤄질 수 있나.

 전화할 곳이 있어 핸드폰을 여는 순간 깜짝 놀라지 않을 수가 없었다. 아기의 울음소리는 바로 내 핸드폰에서 나는 소리였다. 아니 이럴 수가. 우는 아이가 내 손녀였다니……. 부랴부랴 집으로 달려갔다.

 며느리에게 전화로 심부름을 시키고 서로 전화를 끊지 않아 계속 통화 중이었던 것이다. 며느리는 아기를 재워 놓고 잠시 마트를 다녀오는 동안 잠에서 깼고 엄마를 찾다가 문틀에 코방아를 찧고 만 것이었다. 아직 걷지는 못하고 이제 막 따로서기를 간신히 하는 우리 아가.

 세상에 그 누구, 그 어떠한 것 보다고 아끼고 사랑하는 귀여운 손녀다. 내리사랑이라 했다. 아들 어릴 때 느껴보지 못했던 또 다른 각별한 사랑. 이 세상 그 무슨 사랑이 이만하랴. 잼잼잼, 도리도리, 짝짜꿍. 곤지곤지 왼손 손바닥에 오른손 집게손가락 끝을 댔다 뗐다 어여쁘고 귀여운 우리 아가, 내 손녀.

내 마음의 강

 내가 태어나고 자란 곳은 서른 가구도 채 되지 않는 자그마한 마을이었다. 가막산 끝자락, 상상봉 아래, 마치 커다란 요람처럼 동산과 안산이 세 면을 감싸 안아 더없이 아늑해 보이는 양지바른 동네였지. 다만, 트인 곳에서 불어 닥치는 북서풍은 만만치 않아 겨울은 유독 혹독한 계절이었다. 개울을 건너 한참을 지나 장승배기에 닿으면 바로 읍내가 나타나는, 소재지와 가까워 누구나 살고 싶어 할 만한 인심 좋은 곳이기도 했다.
 그런데 이 동네의 성씨 분포를 보면 무송 윤 씨와 광주 반 씨가 주를 이뤘다. 조 씨네 두 가구와 김 씨네도 있었지만 모두 외가와 얽혀 있었으니, 사실상 윤 씨와 반 씨의 터전이나 다름없었다.
 우리 집은 동네에서 가장 컸다. 마을 한가운데 자리하며 마당이 제일 넓었고, 공동으로 쓰는 우물이 있어 동네 아낙네들이 물을 긷고 빨래를 하는 장소이기도 했다. 큰길가에 접한 우리 집은 그야말로 동네의 중심이었다. 아이들은 모여 구슬치기나 딱지치기, 자치기, 비석치기, 오징어가이생, 닐리리가이생 같은 놀이를 즐겼고, 가끔은 축구와 야구까지 했다. 어른들의 집합 장소도 물론 우리 집이었다. 대동계를 열거나 회합을 가질 때, 소금이나 비료를 나눠야 할 때도 모두 우리 마당으로 모여들었다.

마당이 클 뿐만 아니라 집도 가장 컸다. 안채와 사랑채로 나뉘어 있었는데, 사랑채는 'ㄱ'자형 다목적 건물이었다. 중간에 난 큰 대문으로 들어서면 소죽을 끓이는 부엌이 있었고, 오른쪽으로는 사랑방, 왼쪽으로는 외양간과 광이 붙어 있었다.

저녁때가 되면 우리 집은 시끌벅적했다. 특히 겨울철에는 그야말로 매일 밤 큰 잔치가 벌어지는 집 같았다. 사랑채의 사랑방은 중간에 미닫이가 있어, 아랫방에서는 어른들이 모여 옛이야기책 읽는 소리를 들으며 술내기 '나이롱 뻥'을 쳤다. 윗방에서는 새끼를 꼬거나 둥구미, 삼태기, 가마니, 돗자리 따위를 만들었다. 안채 건넌방에서는 큰형 친구들이 모여 기타를 치며 노래를 불렀고, 종종 기타를 직접 만들기도 했다. 뒷방에서는 큰 누나 친구들이 혼수감에 수를 놓았고, 윗방에서는 작은 누나 친구들이 호호하하 수다를 떨었다. 친구들이라고는 해도 위아래로 두세 살 터울이 뒤섞여 어울렸다.

그렇게 우리 집은 언제나 북적대는 곳이었다. 지금이야 마을

회관이 있지만 그때는 그저 큰 마당과 큰 집에서 모든 것이 이루어졌는데, 우리 집이 바로 그런 역할을 했다. 동네 사람들뿐 아니라 마을 밖 사람들도 우리 집에 함께했다. 지나가던 배고픈 나그네가 곯은 배를 채우러 들렀고, 눈비를 피하려는 이가 머물다 갔으며, 잠자리 없는 이에게는 숙소가 되어주었다. 그것뿐일까. 얻어먹는 거지들, 여기저기 물건을 팔러 다니는 장사꾼들, 심지어는 장기간 훈련을 나온 군인들의 본거지가 되기도 했다.

칠 남매와 부모님, 그중 일찍 서울로 떠난 둘째 작은형을 빼고 여덟이 살던 우리 집. 날마다 큰일을 치르는 듯 북적대는 우리 집. 동네에서 가장 크고, 가장 넓은 마당에는 철봉과 평행봉이 있고, 그네가 매달려 있으며, 디딜방앗간과 공동 우물이 있었다. 모두 모여 꽹과리, 징, 제금 치며 농악을 벌이고 윷놀이를 하는 보름에도, 백중에도, 설과 추석 명절에도 그 중심은 바로 우리 집이었다.

나는 그런 집에서 어린 시절을 보냈다. 모든 것의 중심이었던 우리 집. 그곳에 살았던 부모님과 형제들은 그 동네의 중심인물이기도 했다. 사랑방에서는 아버지가, 건넌방에서는 큰형이, 뒷방에서는 큰 누나가, 윗방에서는 작은 누나가, 부엌에서는 엄마가 중심이었고, 우리 마당에서는 내가 제일가는 대장이었다.

우리는 집과 마당만 큰 게 아니었다. 논도 많았고 밭도 많았고 산도 아주 크고 넓었다. 마을 앞으로 흐르는 개울 끝 꽃밭모 랭이의 새 논은 동네에서 가장 넓었고, 밤나무골 잔달뱅이 논은 무려 열두 계단이 넘게 늘어섰으며, 넉 섬지기 고래실 텃논, 그렇게 기름지다는 양 석지기 능 끝들 열 마지기까지. 산은 안산을 빼고 동네를 둘러싼 산이 전부 우리 집 소유였으니 그 규모는 엄청났다. 거기 심겨진 수천 그루의 밤나무는 밤을 털어 쌓아두면 꼭 커다란 능처럼 보였다.

그런 집에 살던 우리. 넉넉하다고는 할 수 없었지만, 부족하다거나 가난하다고도 말할 수 없는 형편이었다. 정말 그 동네에는 진짜 부잣집이 있었으니까. 광주 반 씨 중 촌수가 가장 높은데다가 아들이 파출소 소장이었으니 그야말로 떵엉거리는 집안으로, 집과 마당도 우리 집 못지않게 컸다. 아버지는 무슨 이유에서인지 그 집 사람들 앞에서면 나이가 어린데도 불구하고 무슨 죄인인 듯 주눅이 들곤 했다. 말끝마다 "대부님, 대부님" 하는 호칭을 붙이는 게 어린 마음에 그리도 싫을 수가 없었다. 물론 항렬이 높고 역전 파출소장이라는 직위는 인정하지만, 그 앞에서 위축되어 절절 매는 듯한 인상을 볼 때마다 그렇게 측은해 보일 수가 없었다. 솔직히 내심 창피했다.

그 집은 동네 입구 첫 집이어서 나그네나 거지들이 제일 먼저 들르는 곳인데도 아무리 불러도 굳게 닫힌 철문은 열리는 법이 없었다. 인정머리 없고 야박하기 짝이 없는 그 집과는 품앗이도 하지 않았다. 농사일은 많고 일할 식구는 없으니 상머슴을 둘씩 두었는데, 일 년을 채우지 못하고 그만두는 일이 허다했다. 대개 새경은 일 년치를 연말 동지 무렵에 주는 것이 상례지만, 언제 그만둘지 모르는 상황이라 그 집의 머슴들은 새경을 수시로 받곤 했다. 물론 우리도 머슴이 있었다. 아버지와 큰형이 농삿일을 하니 철머슴이나 품팔이꾼을 고용하기도 했다.

아무튼, 그 집과 우리 집이 동네에서 제일 크고 잘 살았으므로 동네의 큰일은 도맡아 치러야 했다. 지나가는 나그네가 밥 동냥을 해도 '저 위 큰 마당집으로 가보슈' 하는 말이 나왔다. 그러니 지나가는 나그네, 얻어먹는 거지, 물건 파는 장사꾼, 시주 나온 스님 등이 얻어먹고 잠을 자거나 거처 가는 곳이 우리 집이었는데, 어머니는 조금도 싫어하는 기색 없이 당연하다는 듯 일상으로 여기셨다.

사랑방에서 술내기 뻥을 쳐서 진 편에서는 돈을 거둬 건너 마을 삼거리에 있는 주막으로 술을 받으러 갔다. 진 편이 직접 가기도 하지만 대개는 건너방에서 놀고 있는 큰형 친구들이 술 심부름을 맡았다. 꾼들이 많을 때는 술장군을 지게에 지고 갔지만, 보통 작대기에 바케쓰(양동이)를 걸어 두 명이 양쪽에서 들고 오곤 했는데, 도중에 몰래 퍼 마신 술이 올라 있기도 했다. 술을 사오는 동안 어머니께서는 짠지광에서 총각짠지와 막김치를 꺼내고 술국을 끓이셨다. 가끔은 녹두 지짐이를 부쳐 내곤 하셨는데, 그럴 때면 뒷방 큰 누나네와 윗방 작은 누나, 건너방 큰형 방에도 차지가 돌아갔다. 어머니는 또 사 가지고 온 술에서 일부 몇 사발을 덜어 큰형 방에 나눠 주셨는데, 사랑방 사람들도 으레 좀 축난 것을 그러려니 하며 너그러이 용인했다.

유독 눈이 많이 내리던 그해. 눈 내리던 그날 밤을 잊을 수가 없다. 사랑방에서는 술내기 뻥이 한창이었고, 한쪽에서는 옛날이야기책 읽는 소리가 구성지게 들리고 있었다. 친구들과 놀던 건너방 큰형이 안방 문을 열었다.

"잉어야, 공부하고 있구나."

'잉어'는 내 이름이다. 본래는 '잉호'. 우리 집 내 형제의 돌림자는 '잉'인데, 한자 표기에 없어 '길 영(永)' 자를 써서 '영' 자 돌림이 되었고 나는 '영호'가 되었다. 아무리 영호라지만 사람들은 여전히 '잉호'라 불렀는데, 대다수는 '잉오'라 했지만 발음이 제대로 되지 않는 노인들은 '잉오'라 하다가 '잉어'가 된 것이다.

형이 안방으로 와 숙제를 하고 있는 나에게 조심스럽게 낮은 목소리로 말했다. "나 좀 도와주어야겠다. 밖은 날씨가 추우니 옷을 단단히 입고 나오너라." 이 밤중에 웬일인가 싶었지만, 두 동생을 제치고 나만 데리고 어딜 간다는 게 그저 신이 났다. 두

껍게 옷을 껴입고 기쁜 마음으로 따라나섰다. 성황당을 지나 낙엽송 밭으로 들어서면서 남포등에 불을 붙였다. 정강이까지 푹푹 빠지는 눈길은 걷기조차 힘겨웠다. 하늘을 찌를 듯 빽빽이 들어선 낙엽송 숲에 이르렀을 때, 형이 물었다.

"우리가 지금 뭐하러 가는 줄 아니?"

"뭐하러 가는겨?"

"나무를 베러 가는 거야. 집 지을 목재."

"집?"

"우리 집. 진짜 우리 집."

처음에는 '진짜 우리 집'이라니 무슨 뚱딴지같은 말인가 싶었다. 이제껏 살아온 지금의 집을 놔두고 '진짜 우리 집'이라니, 그럼 지금 살고 있는 집이 우리 집이 아니란 말인가? 너무도 충격적인 말에 아무 말도 나오지 않았다.

크게는 30미터까지 자란다는 낙엽송 밭은 장관이었다. 목재의 재질이 우수하고 곧게 자라 건축재, 침목, 갱목, 펄프 등의 원료로 널리 쓰이는 낙엽송은 일제강점기 때 일본에서 들여와 많이 심겼다고 한다. 막상 낙엽송 숲을 들어와 보니 외국 영화에 나오는 광대한 숲을 연상케 했다. 그것도 눈 덮인 야심한 밤. 끝없이 펼쳐진 낙엽송 밭의 진풍경은 두고두고 잊히지 않는 그림이다.

형은 깊게 파인 골짜기로 들어섰다. 낮에 미리 점찍어 둔 나무들이 있었다. 조금의 망설임도 머뭇거림도 없이 톱질을 시작했다. 남포등을 비추던 떨리던 나의 손이 어느 순간부터인가 떨림을 멈췄고, 오히려 힘이 들어가 있었다. 그건 정확히 '지금 살고 있는 집이 우리 집이 아니란 것'을 알게 된 후, '진짜 우리 집을 짓기 위해 나무를 베러 왔다'는 말을 들었을 때부터였던 것 같다. 형의 거친 숨소리는 마치 한 짐 잔뜩 싣고 가파른 언덕을 오르는 황소 같았다. 그것은 또 어떤 분노에 찬 오기의 폭발과도 같았다.

베어진 통나무는 낫과 도끼로 가지를 쳐내 매끄럽게 다듬은 뒤, 기둥감은 8자, 대들보는 12자씩 토막을 냈다. 띄엄띄엄 눈금 표시가 새겨진 지게 작대기는 흡사 막대자와 같았다. 나무 베는 작업이 새벽까지 이어졌다. 형은 낮은 목소리로, 그러나 결의에 차고 분노에 찬 목소리로 또 다른 충격적인 이야기를 격한 숨소리와 함께 들려주었다. 우리가 부치고 있는 논과 밭, 집. 그리고 이 산, 이 마을 모두가 우리 것이 아닌 종산(宗山)이고 종답(宗畓)이며 종가(宗家)의 것이라는 사실이었다.

국민학교 5학년 아이가 눈 덮인 산, 캄캄한 심야에 믿기지 않고 뜬금없는 말을 들은 충격은 이루 말할 수 없이 컸고, 죽을 때까지 영원히 잊히지 않을 것 같다. 그러니까 우리는 종답과 종산을 책임지고 관리하며, 거기서 나오는 수익으로 제사를 모시는 소작인, 산지기에 불과했던 것이 아닌가. 그저 아찔하고 눈앞이 캄캄했다.

베어서 치수대로 자른 통나무들을 이미 낮에 파 놓은 땅에 묻었고, 일부는 잔달뱅이 맨 위 논에 있는 둠벙에 넣어 물에 뜨지 않도록 쐐기를 단단히 박아두었다. 그날 나는 학교에 가지 못했다. 밤샘 작업(비록 남포등만 들고 있었지만)을 마쳤을 땐 아침해가 이미 떠올라 있었으니 등교 시간이 훨씬 지난 때였다. 밤 동안 믿기지 않는 사실을 알게 되었으니, 그 충격에서라도 학교에 못 갔을 것이다.

그 통나무들로 새집을 짓지는 못했다. 세상은 생각대로, 계획대로만 이루어지는 법이 없다. 따뜻한 새봄이 돌아와 얼음이 녹자, 맑은 둠벙은 물속이 훤히 들여다보여 통나무의 형체가 고스란히 드러났다. 눈이 녹자 땅에 묻은 흙 자국이 선명히 드러났으니, 숨긴 것들이 모두 노출되고 만 것이다. 종중에서는 언짢은 말들이 돌기 시작했다. 남 말 좋아하는 사람들의 입에서 입으로 소문은 꼬리에 꼬리를 물고 퍼졌고, 산감(山監)에게 고해바친 이도 있었다. 다행히 너그러운 산감(훗날 나의 장인이 된)이 눈감아 주었지만, 종중에서는 끝까지 문제를 삼았다. 결국 종손네 여관 짓는 데 목재를 보내야만 했고, 우린 종가에서 나와야만 했다.

"일제 때는 쪽발이한테 두들겨 맞고, 인공 때는 빨갱이한테 총칼에 죽을 뻔했는데, 지금은 사형수가 되었으니……." 보천에 산다는 미친 사람이 얻어먹으러 다니며 하던 소리가 지금도 머리에 생생하다. 그는 보천에서 우리 동네까지 30리 길을 오가며 우리 집을 찾았다. 그는 맛있는 밥을 먹으러 온다고 했다. 어머니께서는 그런 그를 조금도 언짢게 생각하지 않으시고 대접했다. 어린 나이에 악독한 일제를 겪고, 몸서리치는 6.25 전쟁을 치른 상처 입은 불쌍한 분이라고 하셨다. 물론 어머니는 그분에게만 베푼 것이 아니다.

"길 가는 나그네 올시다. 날이 저물어 갈 곳이 없어 그러니 하룻밤만 묵어 가게 해 주십시오."

"비가 와 그러는데 처마라도 좋으니 잠시 쉬어 가게 해 주십시오."

"밥 한 술만 주십시오."

"적선 좀 하십시오."

"한 푼 줍쇼."

그런 그들을 절대 그냥 외면하지 않으셨다. 쉬게 하고 재워주고 먹여 보내고 쥐어주셨던 어머니. 종중 일이든 동네 일이든 힘든 일이나 남이 하기 싫어하는 궂은일을 가리지 않고 피하지 않으시던 아버지.

마침 서울로 이사를 간다는 윤 씨네 빈집이 생겨 그리로 이사를 갔다. 물론 산과 논과 밭을 다 내놓았다. 부모님들은 홀가분하다고 하셨고, 형은 새집을 짓지 못하고 헌집을 수리하여 이사하게 된 것을 몹시 아쉬워했다.

"얼씨구씨구 들어간다. 절씨구나 들어간다. 작년에 왔던 각설이 죽지도 않고 또 왔네."

학교 때 마라톤을 뛰던 용각이가 대학 교수가 되었는데, 농산과장이셨던 그 아버지가 군수가 되셨다. 정상헌 군수는 1995년 6월 27일에 실시된 제1회 전국동시지방선거를 통해 당선되어 민선 1기 음성군수직을 수행했다. 평소 잘 아는 분이셨지만 친구 아버지시기도 해 선거 때 나도 고생 좀 해 드렸다. 새천년 밀레니엄 시대에 군수가 된 친구 아버지가 나를 호출했다. 타 시군에서는 새천년맞이 행사를 준비하는데 음성군에서는 그 흔한 축제 하나 없다며 축제를 만들어 보라는 것이었다. 친구 용각이와 나는 며칠을 고민한 끝에 중원문화제, 자린고비 축제, 도그 축제, 각설이 축제 등 4개 축제 계획서를 보고드렸다. 중원문화제는 충주시와 중원군이 통합되면서 폐지된 축제였고, 자린고비 축제는 우리 고장 출신으로 지독한 구두쇠 조륵 선생의 설화이며, 도그 축제는 정서적 안정감으로 사람과 교감하며 외로움을 해소하고 스트레스 감소에 도움을 준다는 반려견 축제였다. 마지막으로 각설이 축제는 어머니가 몸소 실천하셨던 '나눔과 베풂'을 주제로 한 축제였다. 4개의 축제는 참모 회의를 거친 결과, 각설이 축제가 선정되었다. 세부 계획에 들어가면서 많은 사람들의 조언과 축제 전문가들의 협조로, 밀레니엄 새 세기를 시작하는 해에 타이틀을 바꿔 '품바 축제'라 명하여 무대에 올렸다. 풍자와 해학이 곁들인 나눔과 봉사의 축제. '얻어먹을 힘만 있어도 그것은 주님의 은총입니다'는 꽃동네를 설립하게 한 계기가 된 말씀이자, 고(故) 최귀동(崔貴東, 베드로) 옹의 삶을 관통하는 가장 유명한 가르침과 연계시켰다.

"왜 하필 거지 축제를 우리 동네에서 여느냐"는 비난의 목소리를 온몸으로 받았다. 아침 출근 시간에 수봉 초등학교 앞을 지나야 했는데, 아이들은 나를 보고 "저기 거지 대장 지나간다!"를 외치곤 했다.

올해는 윤달이 낀 해다. 보통 윤달은 '하늘과 땅의 신들이 인간사에 관심이 없는 달'이라 하여 묘지 이장, 수의 준비 등 평소 꺼리던 일을 해도 탈이 없다고 여겨져 길한 달로 취급된다. 부모님 산소를 밤나무골 따비 밭으로 모셔와 수목장을 했다. 의병장 반인후의 묘 아래, 한금령에서 발원한 물과 가섭산에서 시작해 음성 시내를 관통해 흘러온 물이 합쳐져 한강으로 흘러가는 샛

강이 내려다보이는 곳. 부모님들의 일구고 가꾼 땀이 배어 있을 꽃밭모랭이 새 논, 동그락떼기 밭, 능 끝들, 잔달뱅이 논이 훤히 내려다보이는 언덕이다.

　그 언덕에 서서 나는 생각한다. 어린 시절 나를 잉어라 불렀던 그 집, 모두의 중심이었지만 사실은 소작인의 집이었던 그곳. 그 삶의 굴곡과 부모님의 넉넉한 마음이, 결국 모두를 아우르는 축제를 만들고, 이웃을 향한 나눔의 강물이 되어 흐르게 했음을. 이제 부모님은 넓은 세상을 다 내어주고 이 작은 언덕 아래 영원히 잠드셨지만, 그들이 심었던 사랑과 나눔의 정신은 '품바'라는 이름으로, 내가 태어난 이 땅에 영원한 강물처럼 흐르고 있으리라.

그
눈동자

휴일도 아닌데 큰형님으로부터 들어오라는 호출을 받았다. 형님은 아주 작은 일에도 나를 불러 상의하시곤 하신다. 엊그제 주말에 소 외양도 치고 왔다. 그럼에도 빨리 들어오라니 궁금하여 서둘러 시골로 향했다. 집 앞까지 나와서 기다리고 계시는 형님의 얼굴이 많이 상기돼 있었다. 소가 송아지를 출산하였다는 것이다. 귀엽고 예쁘게 생긴 암송아지. 경사다.

본래 소의 눈은 둥글고 큰데 항상 슬픈 눈빛으로 가득해 보인다. 무슨 깊은 한을 품었는지 호소하는 듯 눈물을 머금은 소의 눈은 가련함으로 가득하다. 큰 눈망울을 굴리며 하소연하듯 울먹이는 표정이야말로 가엾기 짝이 없어 보이기도 하다. 큰 소도 그러할 진데 송아지는 오죽하겠는가. 어느 동물이건 새끼들은 다 그렇지만 너무나도 앙증맞고 귀여운 송아지다.

송아지를 보니 사슴같이 맑은 눈망울을 가진 우리 손녀를 떠올리게 한다. 이제 10개월이 된 우리 손녀를 바라보노라면 촉촉이 젖은 커다란 눈동자 속으로 쏘옥 빨려들게 한다.

눈은 마음의 창이라고 하는 말이 있듯 눈을 통해 상대의 마음속에서 일어나는 갖가지 변화를 읽어낼 수 있다. 그래서 중요한 미팅, 특히 남녀 간 중요한 말(사랑고백, 헤어짐 등)을 할 때는 꼭 눈을 보고 말하라는 것일게다. 거짓으로 미소를 짓는 것은 어렵지 않지만 눈을 속이는 것은 쉽지 않기 때문이다. 그래서 최근엔 기존 거짓말탐지기에 동공의 크기 변화를 감지하는 기능이 더해졌다. 눈 홍채 중앙에 있는 동공은 들어오는 빛의 양에 따라 커졌다 작았다를 반복하는데 감정 상태에 따라서도 크기가 변한다. 편안하게 휴식을 취할 땐 동공 크기가 작아지고, 흥분하거나 긴장하면 동공이 확대되는 것을 통해 거짓을 판별하는 것이다.

맹자 말씀에 存乎人者(존호인자) 莫良於眸子(막량어모자) 眸子不能掩其惡(모자불능엄기악). 즉, "사람의 마음을 살펴보는 데는 눈동자보다 더 좋은 것이 없으니 눈동자는 결코 자기의 나쁜 마음(惡)을 엄폐하지 못한다."하였다. 胸中正則 眸子瞭焉(흉중정즉모자료언) 胸中不正則 眸子모焉(흉중부정즉모자모언). 마음이 올바르면 곧 눈동자가 맑고, 마음이 올바르지 않으면 곧 그 눈동자가 흐려지게 되니, 聽其言也 觀其眸子(청기언야 관기모자) 人焉?哉(인언수재) 그가 하는 말을 듣고 그 사람의 눈동자를 살펴보면 사람이 어찌 그 마음을 숨길 수가 있겠는가? 요약하자면 사람의 심중을 알기 위해서는 그가 하는 말을 듣고 그 사람의 눈동자를 살펴보는 것만큼 정확한 것이 없다는 것을 알고 있었던 것이다. 그래서 눈은 '마음의 창'이라고 하는지도 모르겠다.

사람을 사귀려면 눈을 보고 사귀라고 할 만큼 눈은 얼굴 중에서 마음을 가장 잘 나타내고 인상을 좌우하는 부분으로 흑과 백이 분명해야 한다. 눈이 큰 사람은 감정적이고 밀어붙이는 추진력이 강하며 부처님처럼 옆으로 긴 눈의 소유자는 생각이 깊은 사람이다. 흰자위가 붉으면 도둑이나 사기를 맞기 쉬우며 푸른 기를 띠면 히스테리가 있다. 눈동자를 자주 움직이는 사람은 돈이 흩어지며 천하다고 보고 눈동자가 위로 올라가 흰자위가 아래나 옆으로 많이 보이면 삼백안이라 하여 사업에 실패하거나 음험하고 도벽이 있는 나쁜 심성의 소유자라 보고 남과 얘기하거나 싸울 때 습관적으로 눈을 크게 떠 눈동자의 위아래 옆으로 흰자위가 다 보이면 사백안이라 하여 남을 제압하고자 하는 살기가 많은 극악무도한 사람이라고 한다.

내 새끼라 그런지 우리 손녀의 눈이 유달리 맑기 그지없어 보인다. 특히 아침에 막 잠에서 깨어난 아기의 눈은 더욱 해맑다. 누가 "세상에서 가장 아름다운 것이 무엇입니까?"라고 물으면 나는 서슴없이 "아이들의 눈입니다."고 말할 것이다. 특히 "우리 손녀의 반짝이는 눈입니다."라고.

단풍잎 다
지기 전에

　옷깃을 여미게 하는 가을인가 싶더니 어느덧 입동이 지나고 소설이 눈앞이다. 본격적인 겨울로 접어든다는 말이다. 지난주엔 무서리가 내렸고 어저께 된서리가 왔다. 이맘때면 갈무리할 것들이 많다. 고운 빛깔을 한껏 뽐내는 고추를 따야 하고, 고구마를 캐고, 잘 마른 들깨도 털어야 한다. 별미로 된장찌개와 호박잎 쌈을 하려면 호박잎을 따야 한다. 마당 가에 심은 호박넝쿨엔 아직은 풋호박 이파리 몇 장이 시들었고 늦둥이로 올망졸망 수없이 달린 애호박이 오히려 애처로워 보인다.
　무서리는 무(묽다)+서리다. 늦가을에 처음 내리는 약한 서리로 수분을 많이 포함하고 있는 액체상의 서리다. 엷은 서리라고도 한다. 무서리가 온 뒤 곧 된서리가 온다. 된서리는 늦가을에 아주 되게 내리는 서리라는 말일 것이다. 한자로 쓴다면 비슷한 말로 숙상(肅霜), 엄상(嚴霜)이라고도 한다. 된서리라는 말이야말로 모진 재앙이나 타격을 비유적으로 이르는 말이 아니겠는

가. 부정을 일삼던 관리들에게 된서리가 내렸다는 기록들이 많이 나온다. 된서리의 어원은 되-+-ㄴ+서리가 아닐까.

　괴산 양덕저수지 은행나무 축제에서 은행잎이 마치 우리 손녀 손바닥 같더니만, 애호박을 보노라니 이번엔 '잼 잼 잼'하며 고 조그만 주먹을 꼬옥 쥐었다 폈다 하는 아가의 앙증스런 주먹 같다. 이제 생후 10개월 된 손녀가 있다. 늦다면 늦은 나이에 손주를 보았다. 아들은 나보다 7년이나 늦게 결혼을 하였으니 아들이 초등학교 들어갈 나이에 딸을 낳아 내게 안겨준 것이다. 이 얼마나 소중하고 귀한 손주인가. 일찍이 내가 반대만 하지 않았어도 아들은 벌써 자식을 보게 하였을 텐데….

　아들은 대학시절 여학생들로부터 인기가 좋았다. 일찍이 신붓감을 몇몇 데려와 선을 보이곤 하였는데 그럴 적마다 나무라며 지금은 공부할 때라고, 공부에만 몰두하라고 타일렀다. 아들은 '이 세상에서 아버지가 이순신장군 다음으로 존경스런 분'이라며 내 말이면 끔뻑하고 이제껏 한 번도 내 말을 거역한 적이 없었다. 드디어 군 복무를 마치고 대학을 졸업한 뒤 결혼을 하겠다고 했다. 가정도 좋고 성격도 원만한 아이였다. 부모는 고위직 공무원이면서 면허를 빌려 건축사업도 하고 부동산중개업에 축산업까지 겸하는 능력자로 부와 권세를 두루 갖추고 있어 누구라도 탐낼만한 혼처였다.

한창 혼사가 진행 중일 즈음 엄청난 사건이 터졌으니 그야말로 벼락 맞기보다 어렵다는 복권사건이다. 며느리 될 아이가 35억 복권에 당첨되었다는 것이다. 35억. 내 능력으로는 감히 헤아리기조차 감당할 수 없는 숫자의 돈이다.

때를 같이해 또 다른 소식을 접하게 되었다. 그의 어머니가, 그러니까 안사돈 될 분이 신이 내렸다는 충격적인 소식이다. 신이 들렸다면 무당이 아니던가. 무당은 대를 잇는다고 했다. 어머니가 무당이면 그의 딸에게로 옮겨 받는다는 말이다. 며느리 될 아이가 무당이 된다? 아들을 불러놓고 조용히 이야기했다

"아들아. 나는 도저히 무당 며느리를 얻고 싶지 않다." 아들은 며칠 뒤 "네 아버지 뜻에 따르겠습니다."

아들은 곧 또 다른 며느릿감을 데려왔다. 지금의 며느리다. 가진 것 없는 가난한 집 아이이긴 하나 마음씨가 비단결 같고 순수하다. "혼수니 뭐니 아무것도 해오지 말거라. 모든 것은 내가 다 준비할 터이니 그저 몸만 오거라."

결혼 후 1년 만에 손주를 보았다. 남들보다 늦은 감은 있으나 너무나도 귀엽고 예쁜, 그것도 손녀다. 단풍잎 다 지기 전에 이번 주에는 손녀를 데리고 문경 관문이라도 갈 요량인데 미세먼지나 끼지 않았으면….

봄이
오는 소리

 고개 너머 밤나무골을 갔다. 어릴 적 선친을 따라 자주 갔던 곳이다. 골짜기는 잔달뱅이 논이 지형 따라 구불구불한 계단식의 천수답이 있었다. 그러나 지금은 그때 그 논들은 온데간데없고 참나무와 물오리나무만 우거진 숲이 되었다. 아무리 그렇기로서니 아득한 기억 속의 흔적은 여전히 선하게 남아 아직도 카랑카랑하신 아버지의 소 부리는 목청이 골짜기를 쩌렁쩌렁 울려 메아리치는 듯하다.

 입춘이 지나고 우수가 지났건만 봄은 아직 저만치 있는지 응달쪽에는 잔설이 복병처럼 웅크리고 있다. 겨우 내 을씨년스레 서 있는 나목들은 경칩이 지나야 기지개를 켜려나? 긴 잠에서 깨어나 맑은 햇살에 세수하고 수줍게 미소 짓는 버들개지. 가만히 들여다보면 보드라운 솜털이 뽀송뽀송한 것도 같고 아직 설잠에 비몽사몽한 눈물 젖은 아기의 초롱초롱한 눈매 같다.

 인적 끊긴 적막한 겨울산은 음산하다. 더우면 벗고 추우면 껴

입는 우리네 삶과는 달리 수북이 달았던 나뭇잎을 모두 떨구고 쓸쓸히 서 있는 겨울나무들이 애처롭다. 유난히 춥던 겨울이었다. 매서운 한파가 졸졸 흐르던 골짜기의 물줄기를 꽁꽁 얼려 놨다. 조용히 귀 기울이면 얼음장 밑에서 간간이 들리는 물소리. 아! 살아있구나. 계곡은 혹풍한설 속에서 꺾이지 않고 차가운 빙하에서 꿋꿋이 버티고 있었구나.

저만치 참나무 꼭대기에 겨우살이가 눈에 척 들어온다. 삼라만상이 깊은 잠에 빠져 있는 겨울날에 여봐란듯이 유아독존 살아있는 파란 겨우살이다.

평창 동계올림픽이 막을 내렸다. '하나된 열정'을 대회 슬로건으로 내걸고, 지난 9일 개회한 지구촌 최대의 겨울 스포츠 축제, 제23회 2018 평창 동계올림픽대회가 25일 저녁 8시 평창 올림픽 스타디움에서의 폐회식을 끝으로 전 세계를 뜨겁게 하나로 만들었던 17일간의 대장정을 마무리했다. 분단국가에서 열리는 대회였으니 다수 국가들이 안전문제로 불참한다하여 이번 대회는 처음부터 걱정이 많았었다. 하지만 우려와는 달리 예상을 뒤엎고 평화 올림픽으로 승화되었다. 개막식에 북한 김정은의 여동생인 김여정이 참석했고 폐막식엔 트럼프 미국대통령의 딸 이방카가 참석하여 이목을 집중시켰다.

김정은 위원장 특사자격으로 개막식에 온 김여정은 청와대에서 문재인 대통령과 접견하여 김정은의 친서인 초청의사를 전달했다. 또한 폐막식에 참석차 내려온 김영철 통일전선부장은 대통령과 회동한 자리에서 미국과 대화의 문은 열려 있다는 입장을 보였고, 청와대 국가안보실장과 오찬회동 자리에서도 북한은 미국과 대화할 용의가 있음을 밝혀 화해의 물꼬가 트일 기회가 엿보였다. 이제 그들은 돌아갔다. 북한이 북미 대화 의사를 밝힘에 따라 북한 고위급 대표단의 평양 도착 이후 북한의 대미 정책에 변화가 있을지 주목된다.

이런 좋은 분위기에도 남남갈등이 커지고 있다. 왜 하필 김영철이었는가. 김영철은 천안함 폭침 주범으로 알려진 인물이다. 천안함 유족이 반발하고 있고, 정치권에서는 연일 반발하고 있는 가운데 남남갈등이 점점 커지고 있다. 정부는 이를 예상하지 못했을까. 상대가 누구이며 과거 행적이 어땠는가에 집중하기보다, 남북관계 발전과 한반도 평화 정착을 위해 실질적인 대화가 가능한 상대인지 여부에 집중했다고 한다. 아무튼 평창 평화 올림픽에 즈음한 이 해빙의 기회가 북미대화로 이뤄질 수 있는 여건을 만들어낼지 관심이다.

추위 속에서도 푸르렀던 겨우살이는 씩씩했다. 역으로 숨죽여 지냈던 나목들이여! 봄은 온다. 남쪽으로부터 훈풍이 불어오고 있다. 머지않은 날에 경칩이 돌아오고 봄은 다시 찾아올 것이다.

선거와
후보자

요즘 참 바쁘다. 6.13 지방선거가 두 달 보름이 채 남지 않았다. 내가 출마를 하는 것도 아니면서 동분서주하는 내 모습을 보노라면 웃음이 나오지만 한편 글 쓰는 사람으로서 이 또한 보람이지 생각하면 위안이 된다. 솔직히 우리네야 평소 하는 일이 글 쓰는 일이지만 바쁘게 살아가는 보통사람들에게는 글 쓰는 일이 쉽지만은 않을 것이다. 꿈이 있어 정치를 해 보겠다고 열심히 준비해 왔겠지만, 막상 닥쳐보면 선거공보에 실을 문안부터 연설문 작성 등 호락호락한 일이 아니다. 말은 이렇게 쉽게 하는 나도 두렵다. 선거에 관한 것은 문학작품이 아니기 때문이다.

글쟁이이기도 하지만 인쇄인으로서 그동안 홍보물을 제작해 본 경험으로 후보자들에게 다소 선거에 도움이 될 만한 것들을 소개해 보고자 한다.

먼저 내가 누구인가를 소개해야 한다. 나는 어떤 사람이며 왜 출마했는가이다. 그리고 왜 당선되어야 하는 이유이다. 다른 후보자와의 차별성 있는 정치철학으로 확실한 정책과 비전을 제시하여야 한다. 감동을 줄 수 있는 떳떳하고 당당하며, 솔직하면서 분명한 근거는 필수이다. 후보자의 장점을 내세워 유권자들로부터 긍정적인 반응을 끌어내야 하는데 이를 위해 개인적, 직업적, 정치적 특성을 강조하여 유권자들의 가슴 깊숙이 전달시켜야 한다. 물론 성실하고 부지런한 이미지는 지방의원 선거의 기본이다.

이를 바탕으로 그 지역의 특성에 맞는 선거 공약을 제시하여야 한다. 공업지대이면서 농업을 이야기해선 안 되고, 경제 발전을 이뤄내야 하는 곳에서 도로교통 등 엉뚱한 공약을 내세우는 것은 금물이다. 선거구의 특성화 집적화의 상징적 명품화 육성 사업은 매우 중요한 공약이 될 것이다. 다만 그 지역에 연관성은 없으나 새로운 모습으로 발전되어야 할 실현 가능한 사항이 있으면 확실하게 자신의 차별성 있는 공약으로 제시하면 좋다. 남이 누구나 다 내 걸 수 있는 흔한 공약으로는 1등이 될 수 없다.

즉, ○○○가 드리는 지역발전에 새로운 모습으로 한시적 이벤트에서 상시적 문화공간으로! 아름답고 활기찬 거리로 유명작가 핸드프린팅 거리, 조명경관 거리, 상징조형물 설치라든가. 일상적인 문화 향유로 공원 등의 환경개선인 ○○일대를 열린 문화에 장으로…. 혹은 무형자산을 경제상품으로! ○○일대 음식점 특성화 집적화로 명품 음식거리 육성 등이다.

선거 공보에 단골 메뉴로 들어가는 사회복지 분야가 있다. 이를테면, 어른을 먼저 생각하는 노인전문요양시설 대폭 확충, 경로당 신설과 경로시설 운영 활성화, 노후 경로당 개·보수 및 신축, 운영비와 난방비 지원 확대 등이 있다. 또 작은 배려, 행복한 세상인 이동식 종합병원으로 의료서비스 지원 확대, 의료기관 및 자원봉사단체와 연계한 의료서비스 강화, 장애인재활병원 무료셔틀버스 운행, 장애인 창업지원을 위한 장기저리융자사업 신설 등이다. 꼭 지켜야 할 것은 후보와 당의 이미지에 맞는 핵심공약을 선정해야 할 것이다.

요즘은 지자체마다 평생학습 프로그램이 있고, 읍면동에 자치센터가 있어 보고, 듣고, 배우고 라는 명제로, 참여 교육을 확대하여 열린 교육 지향, 저소득자, 신생아, 고령자, 장애인 등과, 이주 외국인 프로그램 진행 등이 자주 등장하는 공약들이다.

공약사항이 정리되면 인쇄이다. 선관위에서 제시하는 규격 수량을 준수함은 물론이고, 명함이나 전단, 벽보, 현수막 등 홍보물 전체의 이미지를 반드시 통일시킨다. 유권자들에게는 단 한 표밖에 주어지지 않는다. 그 한 표를 내 표로 하려면 결코 쉽지 않은 게임이다. 그러나 두려워하지 마라. 달인은 없다. 상대 후보자도 당신과 같이 힘들어하기는 마찬가지일 것이다.

적과의 동침

 춘 사월. 바람이 좀 있기는 하나 춥지도 덥지도 않고 생활하기 딱 좋은 계절이다. 봄이 여성의 계절이라고는 하나 생각만으로도 가슴 설레는 봄. 요즘 산과 들 어딜 가나 꽃들이 만발했다. 개나리, 진달래, 생강나무꽃 등등 어딜 가나 개화가 한창이다. 그런데 그 많은 꽃 중에 꼭 마타리 꽃이 생각나는지 모르겠다. 사실 마타리 꽃은 봄꽃이 아니라 가을꽃이다.

 마타리 꽃이 머리 깊이 새겨 있는 데는 나름 이유가 있다. 한때 마타리 꽃을 마타하리 꽃으로 착각해 박박 우기다가 말싸움에 진 적이 있었다. 내가 잘못 알았다는 걸 안 것은 한참 뒤였는데 아직도 그 친구에게 '자네 말이 맞았네. 마타하리 꽃이 아니라 마타리 꽃이었네'라고 말하지 못했다. 그래서 마음 한구석에 마타하리란 글자가 새겨져 있는지도 모르겠다. 마타리와 마타하리는 이름이 비슷한 '하'字 하나 있고 없고의 차이일 뿐 아무런 연관이 없다. 그도 모르고 나는 똥고집을 부리며 저 꽃은 마타하리 꽃으로 음모와 배신의 꽃이라 우겨댔던 것이다.

여간첩의 대명사인 마타하리. 마타하리는 1차 세계대전 당시 파리의 사교무대 물랭루주의 댄서였다. 독일은 파리 사교계의 중심에 있었던 마타하리를 이용해서 첩보를 수집했었다. 정보를 캐내려는 목적으로 수단과 방법을 가리지 않고 프랑스 장교를 대상으로 잠자리도 서슴지 않아 '적과의 동침'이라는 말이 생겨나기도 했다. 프랑스는 그녀가 보낸 첩보가 연합군 5만 명의 목숨과 같다며 사형을 선고했다. 프랑스 권력층은 그들의 갖가지 추문이 드러날 위기를 느낀 나머지 사형 집행을 서둘러 그들의 지저분한 냄새를 덮어버리려 했다는 후문이 있다.

마타리는 뿌리에서 된장 썩는 냄새가 나서 패장(敗醬)이라고도 하고, 이 고약한 냄새를 '맡았니'라고 하는 데서 그 이름이 유래하였다. 또, 설거지한 물을 '마타리물'이라고도 하는 지방이 있는 걸 보면 아무래도 아랫도리에서 나는 좋지 않은 냄새에서 그 이름이 나왔지 않았나 싶다. 마타하리는 유럽을 홀린 미모의 스파이로, 희대의 여간첩을 대표하는 이름이 되었다.

도널드 트럼프 미국 대통령이 무역전쟁의 방아쇠를 당겼다. 트럼프는 동맹국의 반발과 미국 내 역풍에도 국가안보를 빌미로 철강관세 부과를 강행했다. 트럼프는 수입 철강에 25%, 알루미늄에 10% 관세를 부과하는 행정명령에 최종 서명했다. 미국으로 들어가는 모든 철강 제품에 관세가 붙는다. 북미자유무역협정(NAFTA) 상대국인 캐나다와 멕시코를 제외한 모든 국가가 대상이다.

우리 철강업체의 대미 수출에 상당한 타격이 예상된다. 이달 말로 예상되는 한·미 자유무역협정(FTA) 개정협상에도 철강관세를 놓고 쌍방이 공세 수위를 높일 것으로 보인다. 유럽연합(EU), 일본 등 미국 동맹국들도 보복관세를 시사하며 강하게 반발하고 있다. 미국 언론들도 "동맹들의 요구를 거부했다. 이들의 보복관세로 글로벌 무역전쟁을 촉발할 수 있다"고 일제히 우려를 전했다. 글로벌 무역전쟁이 확산하면 수출부진과 경제심리 위축 등으로 우리 경제 전반에 불확실성이 커질 것으로 우려된다.

어제의 동지가 오늘의 적이 되고, 어제의 적이 오늘의 동지가 되기도 한다. 진주만을 공격당했던 미국은 일본과 절친 우방국이 되었다. 6.25때 북한을 도와 협공했던 중국이나 철천지원수 같은 일본은 끊을 수 없는 우리의 무역국이다. 혈맹이라는 미국의 행패는 도를 넘는다.

마타하리라고 머리에 깊이 각인되어 있는 마타리 꽃을 마타리라 고쳐 부르고 싶은 생각이 없는 나는 친구에게도 '내가 마타리를 마타하리라고 잘못 알았었네'라 고백하지 않을 것이다.

또다시 논쟁을 하게 된다 해도 여전히 마타하리 꽃이라 부르고 싶은 이 마음이다.

DMZ
비무장 지대

1

여든네 번째 숙모님 생신에 다녀왔다. 10년 전 숙부님이 돌아가시고 혼자 계시는데 참 많이 늙으셨다. 아이들까지 30여명의 자손들이 다 모인 자리로 여간 혼란스럽지 않았다. 본래 이런 자리는 왁자지껄해야 분위기가 맞는다. 부모님과 손 위 일가친척이 모두 돌아가시고 가족 중 마지막 남은 어른이시라 각별하신 분이다.

언어 청각장애인이신 숙모님은 역시 같은 장애인이셨던 숙부님과 결혼하셨다. 태어날 때부터 언어, 청각 모두를 상실한 선천적 장애를 가지고 평생을 사신 분들이다. 경험해본 사람들은 말과 소리를 듣지 못하는 사람과의 소통이 얼마나 답답하고 어려운지를 느껴보았을 것이지만, 어릴 적부터 함께 생활해온 우린 조금도 의사전달의 어려움이나 어색함도 없이 보통사람들과의 대화처럼 자연스레 소통했다.

 요즘 판문점이 떴다. 문재인 대통령과 북한 김정은 위원장의 역사적 만남의 장소가 되었던 곳이다. 판문점은 비무장지대 내에 있다. 비무장 지대, 국제연합군, 조선인민군, 중국인민지원군이 6·25전쟁의 휴전에 합의하며 남북한 간의 적대적 행위로 인한 전쟁재발을 막기 위해 한반도 중앙을 동서로 가로질러 만들어놓은 비무장, 비전투 지역. 이곳이 Demilitarized Zone인데 약으로 DMZ로 표기한다.

 DMZ. 내가 군 복무를 했던 곳이다. 비무장지대는 동서길이 248km이며, 군사분계선을 중심으로 남쪽 2km 지점을 남방한계선, 북쪽 2km 지점을 북방한계선으로 한다. 내가 태어나기도 전인 1953년 7월 27일 휴전협정 전문 제1조에 따라 설치되었고, 남방한계선은 관할권이 연합군 총사령관에게, 북방한계선은 조선인민군과 중국인민지원군에게 주어졌다. 이 지역 내에서는 민간행사와 구제사업을 제외한 어떠한 적대시설이나 적대행위를 할 수 없도록 규정되어 있고 민간인과 군인을 막론하고 군사정전위원회의 허가 없이는 출입할 수 없다. 인원도 어느 한 쪽에서 1000명을 넘을 수 없도록 규정되어 있다. 왼쪽가슴 호주머니 위엔 이름이, 오른쪽호주머니 위엔 DMZ Police라는 패찰을 붙이고 이곳에서 미군부대 카투사로 복무했다. 나는 영어회화에 능숙하지 못했음에도 요직인 작전과의 일원이었다. 작전 통제권이 미군에게 있었으므로 늘 한국군과의 밀접한 관계유지가 매우 중요했다. 통역은 필수다. 영어를 한국어로, 한국말을 영어로 전달해 주는 것이 내 임무요 사명이다.

말 못하고 듣지 못하시는 숙모, 숙부님 덕분으로 나는 어려움 없이 통역업무를 무난히 수행할 수 있었다. 그것은 바로 능숙한 수화였다. 주먹을 쥐고 하늘을 향해 '쿵'하면 대포 사격이고, 검지와 집게손가락을 하고 팔을 펴 '탕'하면 권총사격, 왼팔을 쭉 벋고 오른손을 오그린 다음 '타다다다'하면 M16 소총사격, 주먹 쥔 팔을 앞으로 펴며 '쾅쾅'하면 탱크 사격이고, 손바닥을 오리모양으로 구부려 들고 휘파람을 불면 비행기 폭격, 집게손가락을 빙빙 돌리면서 '툿툿툿툿'하면 헬기, 양 손바닥을 앞으로 내보이며 '꾸-왕'은 크레모아, 조심스레 발을 밟으면 지뢰다.

밤이 되면 비무장지대로 순찰을 나가야 한다. 완전군장을 하고 얼굴에 페이스페인팅으로 위장을 하고(참고로 흑인들도 페인팅한다) 남방 한계선을 들어서면 모두가 긴장된다. 서로 선두나 후미에 서는 것을 꺼린다. 물론 맨 앞과 맨 뒤가 위험하기도 하고 겁도 나는 자리지만 무엇보다도 암호 때문이었다. 암호는 우리 한국말이다. 우리가 영어에 대한 두려움과 같이 외국인들도 한국말은 두려운 것이다. 순찰 시에는 절대 정숙이다. 순찰

때 상대방과 맞부딪히면 암호를 대는 것 외에는 모든 것을 수화 내지는 손 사인으로 해결해야 한다. 전진, 후퇴, 정지, 전방주시, 엎드려, 포복, 사격 등 말이 아닌 수화로 통한다. 나는 늘 앞장섰다. 죽음을 무릅쓴 희생에 공짜는 없다.

2

휴일에 농부의 입가에 미소를 짓게 하는 못비가 내린다. 비가 오면 집안에서 방콕이다. 하릴없이 빈둥대다가 오후에 서재정리를 했다. 케케묵은 책이며 상패들이 산더미 같다. 수많은 패들은 그간의 내 인생을 돌아보는 계기가 된다. 그중 가장 작은 아크릴 패에 눈길이 간다.

인디언 마크와 함께 미루나무가 담긴 그 아크릴 패 안에는 PANMUNJOM KOREA 21ST AUGUST 76. 아! 잊을 수 없는 그날. 1976년 8월 21일. 판문점 도끼만행 사건이다.

점심때였다. 햄버거를 두어 입 떼어먹었던가? 갑자기 사이렌 소리가 요란스레 울렸다. 그리고 스낵바 스피커를 통해 "PFC BAN Coming of to Office"반 일병 관내 있으면 빨리 상황실로 복귀하라는 호출이 있었다. 3분도 되지 않아 또다시 허리 아웃을 외치는 다급한 목소리가 스피커를 통해 울렸다. 함께 근무하는 동료이자 가장 친한 룸메이트 에드워드 목소리다.

부랴부랴 벙커 안으로 들어서자 연실 울리는 무전기 소리가 머리를 곤두세우게 했다. 긴급 상황이었다. 그런데 사건이 교전도 아니고 곡괭이와 도끼 공격이라니 도무지 이해가 되지 않았었다. 전방 각지에 무전연락을 취하면서도 스스로 의아해했다. 잠시 뒤 한국군 장교들이 들이닥치고 상황은 더욱 혼잡했다. "도끼라니? 통역을 잘못한 게 아니냐? 다시 물어봐라" 나는 손짓 발짓 다해가며 수화로 묻고, 영어사전으로 확인해 봤지만 곡괭이 도끼 사건이었다.

그랬었다. 1976년 8월 18일 판문점 공동 경비구역 내 유엔군 측 제3초소 부근에서 미군 6명과 한국군 5명 등 11명이 전방 시야를(3초소에서 회담이 열리는 회담장 옆 소초가 보이지 않아서) 가리는 미루나무 가지치기 작업을 하는 노무자 5명을 경비하고 있었다. 이때 북한군이 곡괭이와 도끼 등을 휘두르며 기습 공격을 하여 미군 장교 2명을 살해하고, 9명의 경비병에게 중경상을 입혔다.

이에 8월 21일 유엔군은 테프콘2를 발령한 가운데 항공모함 미드웨이와 엔터프라이즈를 파견했고 전투기와 B-52 폭격기 및 한국군 특공부대의 엄호 하에 미루나무를 완전히 절단하기에 이르렀다.

  빛나는 일등병이라 했던가. 군대생활 8개월이 채 되지 않은 그야말로 말단 졸병이었다. 8월 18일 사건이 발생한 뒤 3일 만인 8월 21일 미루나무를 베기까지 완전군장으로 지냈다. 전방에 있던 포병은 후퇴하고 보병과 탱크부대는 3일간 밤낮을 가리지 않고 이동하느라 길을 가득 메웠다. 전시에는 유언비어가 난무한다. 김일성이 선전 포고를 했느니, 사방 1m 안팎으로 포탄이 떨어진다느니, 우리가 후퇴할 수 있는 유일한 길인 자유의 다리를 폭파시킨다느니, 별의별 소문이 다 퍼지는 가운데 시시때때로 떨어지는 전시명령 때문에 무전기를 끌어안고 싸우며 간간이 짬을 내어 부모·형제 친구들에게 마지막 편지를 쓰기도 했다.

  드디어 문제의 미루나무를 쓰러뜨리고 북한 김일성이 유감의 뜻을 표명함으로써 사건은 종결되었다. 이 사건으로 9월부터 판문점 공동경비구역을 남과 북으로 나누어 경비하게 되었다.

  한 달 전 그곳에서 문재인 대통령과 북한 김정은 위원장이 만났다. 평화협정을 맺었고, 한 달 뒤인 엊그제 또다시 만났다. 북한의 남북 고위급 회담 무기한 연기 통보부터 트럼프 미국 대통령의 북미 정상회담 취소 발표까지 한 치 앞도 예측하기 어려운 국면으로 흘렀다. 한반도에 위기감이 고조된 가운데 한 달 만에

극적으로 열린 이번 두 번째 남북 정상회담이다. DMZ 안의 판문점은 여전하겠지. 8. 18도끼만행의 끔찍한 추억이 깃든 그곳에 다시금 가보고 싶다.

3

요즘 만나는 사람마다 할 말이 많다. 세기의 회담이라 할 만큼 세계인의 빅뉴스가 되었던 김정은 위원장과 트럼프 미 대통령과의 북미정상회담. 어젯밤 개최국 러시아와 사우디아라비아의 개막전으로 한 달 동안의 대장정에 돌입한 러시아 월드컵 축구이야기. 민주주의의 꽃 6.13지방선거, 남북 판문점회담 등 굵직한 이야기들이다. 이러한 겹치는 중요한 뉴스들이 라디오와 신문을 끌어안게 하였고 밤이 되면 TV에서 눈을 뜨지 못하게 하였다.

그중에서도 싱가포르에서 열렸던 세기의 담판인 북미 정상회담이 일손을 놓게 했다. 두 정상이 합의한 합의문에는 북미관계 정상화, 한반도 평화체제 구축, 한반도 비핵화, 유해송환이다. 첫 숟갈에 배부를 리 있겠느냐마는 우리가 기대했던 만큼의 성과는 아니다. 북핵 문제에 대한 미국의 목표로 핵을 완전히 폐기하는 일을 의미하는 말인 완전하고(Complete), 검증 가능하며(Verifiable), 돌이킬 수 없는(Irreversible) 파괴(Dismantlement)를 의미하는 말의 영문 앞글자를 딴 것으로 CVID와 북한이 주장하는 CVID의 끝자 D를 G로 바꾼 CVIG는 합의문에 들어 있지 않았다. 체제보장이란 북한에서 파괴란 말만 바꾼 Guarantee의 약자다. 완전하고 검증 가능하고 되돌릴 수 없는 체제보장이란 의미이다. CVIG는 미국이 북한에 요구하는 CVID의 용어를 본 따서 만든 것이다.

군 복무를 하였던 곳이라 더 그런지 휴전선, DMZ, 판문점, 자유의 다리, 돌아오지 않는 다리 등의 말만 나오면 나도 모르게 흥분된다. 그때 있었던 웃지 못할 추억이 있다.

야구경기를 앞두고 우리는 흥분해 있었다. 중대장비 경기로 우승팀에게 쓰리데이 패스가 걸린 경기다. 미군과 한국군(카투사)이 격돌하는 경기로 이를 위해 몇 달 전부터 준비해 왔었다. 낮엔 근무하고 주로 밤에 연습했다. 우리에겐 자존심이 걸린 중요한 게임이다. 비록 열명 중 하나, 즉 십대 일 정도의 비율로 배석되어 숫자상으로는 열세이기는 하나 한국인의 강인한 모습을 보여줄 수 있는 절호의 기회이기도 했다. 몇 달간을 정말로 열심히 준비하고 마지막 경기 전날 밤이다. 그날은 연습은 하지 않고 모여서 전략을 짜기로 했다. 공격 순서를 정하고 수비 위치를 확정했다. 10명이 한 팀으로 구성되는 야구경기이므로 전원이 참여하여야 한다. 예비 선수가 없어 부상 선수라도 나오면 결원된 상태로 진행해야 했다. 물론 감독도 코치도 선수를 겸해야 했고 대타 같은 건 아예 생각할 수가 없었다. 내 포지션은 투수였다. 만년투수다. 투구 수가 많던 제구가 잘 안 되던 게임이 끝날 때까지 던져야 했다. 한참 전략을 짜고 있는데 후두두 소리가 나 밖을 내다보니 비가 내리기 시작하는 게 아닌가. 우리는 약속이라도 한 듯이 동시에 와! 하며 외쳤다. 비가 오면 연병장이 질게 되어 경기하지 못하게 된다. 우리는 전략작전 짜던 것을 멈추고 스낵바로 갔다. 거기서 선임 졸병 누가 먼저랄 것도 없이 술들을 마셔댔다. 긴장감에서 벗어난 안도의 기쁨을 술잔으로 마음껏 누렸다.

  다음날 아침. 그러니까 야구경기가 있을 광복절이다. 어젯밤 과음으로 다들 침대에서 뒹구는 시간 웬 헬기 소리가 요란하게 들렸다. 그리고 얼마 후 야구 경기가 있으니 연병장으로 모이라는 기별이 왔다. 비가 내려 연병장이 질퍽거릴 텐데 무슨 뚱딴지 같은 말이냐고 투덜거리며 나갔다. 그런데 아뿔싸 연병장은 뽀송뽀송했고 라인까지 산뜻하게 그려져 있는 게 아닌가. 아침 일찍 들렸던 그 소리. 헬기. 헬리콥터가 질퍽거리는 연병장을 바싹 말려놓았던 것이다.

이것이 미국의 힘이다. 우리는 만방으로 깨졌다. 특별휴가는 고사하고 기합만 실컷 받았다. 판문점 도끼 만행이 있기 3일 전 일이었다.

4

30도가 넘는 불볕더위가 숨을 턱턱 막히게 한다. 휴일이라고는 하지만 이런 날은 야외 나가기가 두렵다. 선풍기를 틀어놓고 TV보며 오전을 보내고 오후가 되니 그것도 싫증이 난다. 번득 머리에 떠오르는 곳이 있다. 오토바이로 15분 거리에 있는 둠벙이다. 예전엔 제법 그럴듯한 방죽이었는데 벼농사로는 타산이 맞지 않는 요즘, 농민들은 논농사를 포기하고 비닐하우스에 특수작물로 시설채소를 재배하는 탓에 물이 필요 없는 관계로 관리하지 않아 방죽은 방치되어 늪지로 변하고 말았고 언저리 한 곳에 자그마한 둠벙이 형성되어 있는 곳이다.

서둘러 낚싯대 한 대를 챙겨 둠벙을 찾았다. 막상 보니 둠벙이라기엔 너무 크다. 큰 연못이다. 가장자리는 한길이 넘는 부들이 수북이 자라고 수면엔 마름이 빼곡히 덮여 있다. 둑에 빙 둘러 심겨진 버드나무들은 좋은 햇빛 가리개가 되어 주었다. 버드나무 그늘서 바지를 걷어붙이고 발을 물에 드리우고 앉으니 신선이 따로 없다.

　부들 늪에서 병아리 소리가 난다. 자세히 살펴보니 요즘 좀처럼 보기 드문 천연기념물 뜸부기다. 전체가 흑회색이고 등깃과 날개깃 가장자리는 엷은 회백색 비늘무늬를 이뤘다. 부리는 노란색이고 이마에서 정수리까지 붉은색 피부가 돌출된 것으로 보아 수컷이다. 잠시 후 병아리들과 나타난 또 한 마리는 암컷이다. 수컷과 암컷은 매우 비슷하지만, 수컷보다 작고 부리가 작다. 몸 아랫면의 줄무늬가 수컷보다 더 폭 좁고 뚜렷하지 않다. 병아리는 하도 빨라 확실히 셀 수는 없으나 10마리 정도 되었다. 어릴 적 그렇게 흔하던 뜸부기이었는데 언제부턴가 자취를 감추고 말았었다. 아마 농약을 많이 쓰면서 올챙이, 미꾸라지, 메뚜기 등이 감소하면서 생태계가 변화되고 먹이 사슬이 깨지면서 사라졌을 것이다.

　이곳과 비슷한 곳. 전방 민간인 통제구역과 DMZ 비무장지대다. 주말이면 서비스센터에서 자전거를 빌려 타고 곳곳을 돌아다녔다. 사람의 발길이 끊긴 그곳은 지뢰가 묻혀 있고 적의 사정거리에 있어 위험하기는 해도 야생동물들의 천국이다. 끝이 없는 갈대밭을 헤치고 나가려면 힘겨웠지만, 태고의 밀림을 탐험하는 기분이었다. 광활한 그곳에 둠벙이 여러 곳 있다. 나뭇

가지에 실을 매어 낚시를 던지면 팔뚝만한 잉어, 붕어, 메기가 달려나왔다.

그 판문점에서 남북한 수뇌 문재인 대통령과 북한 김정은 위원장이 만났고, 한 달 뒤 또 만났다. 그리고 싱가포르에서 트럼프 미국대통령과도 만났다. 곧 무엇인가 이루어질 것 같은 분위기였다. 엊그제는 6·25였다. 연일 판문점에서 고위급 군사회담과 철도 도로, 이산가족 적십자 회담이 열리고 있다. 군사분계선은 동서길이 155마일 250km, 1000㎢의 어마어마한 땅이다. 비무장지대는 희귀동물들의 주요서식지가 되었으며, 한때 이를 조사하기 위해 남북한 학술조사단의 구성이 논의되기도 했다. 이 지역은 최후적인 평화가 달성될 때까지 적대행위와 일체의 무력행사를 방지하기 위해서 설치되었으나 실제 남북한 모두 감시초소(GP), 관측소(OP), 방송시설, 철책선, 군인 막사, 심지어 군대까지 주둔시키고 있다. 이제는 이 군사시설들이 철거될 수도 있겠다.

화해분위기가 조성되며 이 거대한 땅 비무장지대도 변화가 일 것이라는 추측을 해 본다. 개발도 좋지만 지금의 자연 그대로 유지하면서 유익하게 사용할 수는 없을까를 생각하며 아프리카 탄자니아의 세렝게티를 떠올려 본다. 사람의 출입이 없어 자연 상태가 잘 보존된 이 땅에 대초원을 조성하여 위대한 자연의 사파리 공원을 만드는 것이다. 차를 타고 야생동물들이 사는 자연 속으로 떠나는 여행. 생각만 해도 가슴 설레는 멋진 여행이 되지 않을까?

여름을
이기자

    더워도 더워도 너무 덥다. 펄펄 끓는 가마솥 불볕더위가 지속되고 있는 가운데, 요즘 칼퇴근을 한다. 사무실은 그야말로 지옥이다.

    사람의 체온이 36.5도라는데 이보다도 뜨거운 더위가 식을 줄을 모른다. 기온이 36.5도 이상으로 올라가게 되면 사람들이 접촉하는 모든 것들이 뜨겁게 느껴진다. 그늘에 있는 물건일지라도 그렇다.

    우리 지역의 낮 최고기온이 평년보다 4~7도 높은 37도 이상 오르면서 무더위가 계속 이어지고, 밤에는 열대야로 잠을 설친다. 고온상태가 장기간 지속되면서 보건, 산업, 수산, 농업, 가축 등에 피해가 우려되고 열사병과 탈진 등 온열질환에 관리 각별히 유의하지 않으면 안 된다.

    역대급 폭염이 예고된 이번 여름, 과연 잘 버텨낼 수 있을까? 물놀이와 함께 수박 먹기, 시원한 카페에 가서 음료 마시기, 불다 끄고 찬물에 발을 담근 채 공포영화보기 등 만 가지 생각이 다 들지만 뾰족한 해결책은 없다. 그래서 지속되는 무더위는 사람을 무기력하게 만든다.

오늘도 칼퇴근을 했다. 웬만한 약속은 하지 않고 모임도 불참하기 일쑤였는데 오늘은 집으로 가지 않고 한의원을 하는 후배와 삼계탕을 먹기로 했다. 오래간만에 같이하는 자리로 딴에는 여름을 이겨내는 한방 보양식에 대하여 이야기를 나누고 싶었다. 본래 미식가이기도 한 후배는 여름철엔 뭐니 뭐니 해도 땀 뻘뻘 흘리며 먹는 삼계탕, 염소탕, 보신탕이 최고라고 했고 또 시원하게 먹기에는 물냉면, 동치미메밀국수, 열무국수, 콩국수라고 했다.

여름 보양식의 대명사는 보신탕. 개고기는 돼지고기와 비교하면 지방질과 콜레스테롤이 적고 단백질 함량과 전체 열량은 다른 육류와 비슷한데, 보신탕의 장점은 무엇보다 소화가 잘 된다는 것. 단백질은 아미노산으로 분해돼 흡수되는데 개고기의 아미노산 조성이 사람과 가장 비슷하다는 이론이 있단다. 하지만 보신탕은 요즘 동물 애호가들로부터 많은 비난의 화살이 쏟아지고 있는데, 한방에서는 보신탕이 오장육부를 안정시키고 남성의 양기를 돋우며 혈맥을 튼튼하게 하는 작용이 있다고 한다. 여성이 먹으면 허리와 무릎을 따뜻하게 하고 냉대하증에도 효과가 있다.

삼계탕도 으뜸 보양식이란다. 닭고기는 성질을 따뜻하게 하며 속을 데우고 원기를 돋운다. 삼계탕에 들어가는 인삼은 기를 보하고, 대추는 기력 증진에 좋고 마늘과 찹쌀은 비위와 장을 따뜻하게 보호한다.

뱀장어의 경우 여름과 가을에 맛이 좋으며 구워먹는 것이 강정식으로 효과가 있다는데, 다만 지방과 단백질 함유율이 높으므로 소화장애가 있으면 피해야 한단다. 추어탕은 무더위로 느슨해진 소화관을 자극하며 함께 넣는 향신료인 산초는 습기를 제거해 더위를 이기는 데 도움을 준다고 했다.

후배와 헤어져 집으로 돌아왔다. 금방 먹은 삼계탕의 효과를 기대한 건 아니지만 낮 동안 불볕에 달구어진 집안은 찜통이다. 더구나 반주로 곁들인 소주 몇 잔의 위력은 후끈했다. 우선 샤워를 하고, 간단한 방법의 하나지만 수건을 물에 적셔서 너무 꽉 쥐어짜지는 않고 적당히 해서 그 수건을 몸에 문지르고 바른 다음 선풍기 바람을 맞으니 좀 시원해진다. 이 원리는 몸에 물기가 있는 상태에서 선풍기 바람을 맞으면 물은 증발되고 몸의 열기는 빼앗아가기 때문이다.

비 온다는 소식은 없다. 유난히 일찍 시작된 10년 만의 무더위가 올여름을 강습한다고 하더니, 과연 그 말이 실감이 날 정도로 연일 더위가 맹위를 떨치고 있다. 아직도 보름 정도는 더 견뎌야 할 텐데…….

보물과
고물

울릉도 앞바다에 가라앉았다는 돈스코이호. 소위 보물선이라 불리는 배다. 그런데 보물선 하면 해적선이 떠오르는 것은 무슨 이유일까? 해적선. 배를 타고 약탈이나 보물 사냥으로 먹고 산다. 돌아갈 고향을 잃고 염세적으로 사는 사람이 있는가 하면 전적으로 사리사욕을 위해 약탈을 반복하는 사람이 있는 등 양극단이다.

그런데 약자의 편에 서서 강자를 공격하는 의적 같은 해적이 있는 반면 뭐든지 빼앗아 버리는 악귀 같은 해적도 있다. 대규모 함대전을 벌이는 경우도 있지만 대체로 1척. 가끔 해적보다 모험가나 트레저 헌터를 자칭하는 것이 이미지적으로는 더 좋은 무리도 있다. 해적이 주인공이거나 최소한 아군일 경우 이쪽 케이스가 꽤 많다. 부하들이 꽤 많이 있다. 부하는 보스를 선장이나 두목이라 부른다. 별로 강하지는 않지만 충성스럽다. 단 간부급은 예외인데 신뢰가 아니라 힘으로 억누르는 경우 반란을 저

지른다. 배는 강력한 무기가 탑재되어 있으며 어떠한 배도 따라잡을 정도의 속도를 자랑한다.

해적선의 선장. 일반적인 선장의 이미지는 험상궂은 얼굴에 수염 정도. 개중 보물섬의 실버선장처럼 발이 없다거나 후크, 갤리온, 브리그, 프리게이트선장 같이 애꾸눈이라거나 손에 갈고리를 달고 있다거나 하는 경우가 많다.

이런 좋지 않은 보물선과 해적선의 연관된 기억을 갖고 있는 보물선이 울릉도 앞바다에 가라앉아 있단다. 울릉도 주민들에게 돈스코이호는 대대로 전해져 내려오는 전설의 보물선으로 러시아 사람들이 항아리를 가지고 와서 물물 교환해갔던 배다. 그 배에 150조의 보물, 그러니까 금화 유물이 실려 있다는 것이다.

1905년 러일전쟁에 참가했다가 침몰한 러시아 함선 드미트리 돈스코이호를 울릉도 근처 해역에서 발견했다고 발표했던 신일그룹이다. 113년 만에 발견된 이 배에 150조원어치 금괴가 실렸다는 미확인 소문이 돌면서 관심을 증폭시켰고 신일그룹은 보물선에 담긴 금괴를 담보로 신일골드코인(SCG)이라는 가상화폐를 발행해 투자자를 모았다는 의심을 받고 또 이른바 보물선 테마주 주가가 출렁거리기도 했다. 이에 돈스코이호를 먼저 발견했다고 주장하는 또 다른 업체는 투자사기가 의심된다며 신일그룹 경영진을 고발하기도 했다.

겉으로 보기에 돈스코이호 탐사와 인양 프로젝트를 진행하는 신일그룹과 보물선 테마를 내세워 가상화폐를 발행하는 싱가포르 신일그룹. 전국적으로 피해 신고가 접수되는 데다 앞으로 그 규모가 급격히 늘어날 조짐을 보이고 있어 수사 주체를 강서경찰서에서 서울청으로 옮겼다. 신일그룹은 다단계 방식으로 가상화폐를 판매하는 데다 핵심 경영진이 별건 사기 혐의로 경찰 수배를 받고 있거나 법정 구속된 사실이 알려지며 의혹이 눈덩이처럼 커졌다. 신일그룹이 가상화폐를 발행하고 투자자를 모집하는 과정을 들여다보면 전형적인 다단계 투자 사기가 의심된다.

신일그룹이 돈스코이호를 인양하기 위해서는 정부로부터 발굴에 관한 허가 및 소유권 등 아직도 많은 절차가 남아 있는 상태에서 이런 불미스런 사기사건이 발생했다니 안타깝다. 또 배 안에는 그런 보물이 들어 있지 않다느니, 인양해도 고철값 밖엔 건질 수 없다는 등 말도 많다.

어릴 적에 읽었던 보물섬이란 책 이야기가 또 생각난다. 해적들이 숨겨 놓은 금은보화들을 찾아 떠나는 이야기를 담고 있었던 보물섬. 영국의 스티븐슨이 지은 장편 모험 소설로 소년 짐이 외다리 해적 실버를 만나 보물이 숨겨진 고도(孤島)에서 큰 모험을 한 끝에 보물을 손에 넣을 때까지의 과정을 생생하게 그렸다.

네 것과
내 것

1

100년 만의 폭염. 40도에 육박하는 불볕 찜통더위는 입추가 지나고 삼복더위가 지났음에도 수그러질 기색이 없다. 더위를 식히는 데는 뭐니 뭐니 해도 동굴이 제일이지 싶어 가족과 함께 단양에 있는 고수동굴을 다녀왔다. 단양에는 고수동굴뿐 아니라 천동동굴, 온달동굴 등 동굴이 많다. 이는 단양 일대가 석회암을 기반으로 하는 카르스트 지형이기 때문이다.

동굴 앞에 다다르자 시원한 냉기가 흘러나왔다. 이래서 동굴들을 찾는 것이로구나. 굴 안은 생각보다 시원했다. 울퉁불퉁한 곳과 계단 등으로 유모차 사용이 안 되다 보니, 이제 생후 8개월 된 손녀를 아들과 며느리가 교대로 안고 가야 했다.

길이 10m에 달하는 대종유석이 내리뻗고, 사자바위를 비롯한 정교한 기암괴석들이 웅장하게 늘어서 있다. 또 선녀탕이라 불리는 물웅덩이, 석순, 석주, 동굴산호, 동굴진주 등 아름답고 희귀한 볼거리들이 많았다. 석회동굴 생성물로 동굴의 천장에 기다랗게 고드름처럼 매달린 종유석. 동굴 천장에서 떨어지는 물방울의 석회질 성분이 바닥에 쌓여 죽순처럼 자라는 석순과 천장의 종유석과 바닥의 석순이 오랜 세월에 걸쳐 자라 맞닿은 돌기둥 석주. 동굴 벽이나 천장에 있는 정교한 꽃 모양의 동굴퇴적물로 일명 동굴 꽃이라고도 불리는 석화가 탄성을 자아내게 했다. 아들과 며느리는 시원함에도 불구하고 아기를 돌보며 가느라 식은땀을 뻘뻘 흘렸으나 내심 행복해 하는 모습이다.

동굴 여행을 마치고 오는 길에 도담삼봉을 들렀다. 충주댐 건설로 1/3 정도가 물에 잠겼으나, 물 위로 드러나 있는 봉우리들이 아름다워 관광지로 많이들 찾는다.

장군봉에는 정도전이 지어놓고 찾아왔다는 수각(水閣) 삼도정(三嶋亭)이 있다. 정도전은 도담삼봉을 사랑하여 자신의 호 '삼봉'도 여기에서 따왔다고 한다. 수각에 올라갈 수는 없으나, 보트나 유람선을 이용하여 수상에서 관망할 수 있다.

단양팔경 중에서도 가장 아름다운 도담삼봉은 남봉, 처봉, 첩봉 세 개의 기암으로 된 봉우리다. 우뚝 솟아 있는 삼봉의 모습은 물안개가 차오를 새벽이 되면 그 신비스런 아름다움을 마음껏 내보인다. 조선 개국공신 정도전은 남편봉에 삼도정을 짓고 이따금 찾아와 풍류를 즐기거나 시를 지으며 쉬어 갔는데 그 경치를 너무 좋아해 자신의 호를 삼봉이라 했을 것이다.

설화겠지만 삼봉은 원래 강원도 정선군의 삼봉산이 홍수 때 떠 내려와 지금의 도담삼봉이 되었으며 그 이후 매년 단양에서는 정선군에 세금을 내고 있었다고 한다. 이를 어린 소년 정도전이 "우리가 삼봉을 떠내려 오라 한 것도 아니요. 오히려 물길을 막아 피해를 보고 있어 아무 소용이 없는 봉우리에 세금을 낼 이유가 없으니 필요하면 도로 가져가라"고 한 뒤부터 세금을 내지 않게 되었다고 전해진다.

이 설화를 듣자니 조선 최고의 학자 오성 이항복이 생각난다. 장인 권율과의 너무나 유명한 일화지만, 이항복의 집에서 자라던 감나무 가지가 자신의 집으로 휘어지자 권율은 자기 집 소유라면서 그 감을 따먹었다. 그러자 이항복은 권율의 방문에 주먹을 찔러 넣고 "그럼 이 주먹은 누구 것이냐"고 추궁했고, 결국 미안하다는 권율의 승복을 얻어냈다. 언제의 일화인지는 분명치 않으나 이런 기치를 높이 산 권율이 그를 사위로 맞아들이지 않았겠는가는 생각이 든다.

더위를 피하고자 동굴에 왔다가 도담삼봉에서 옛 선인들의 네 것과 내 것에 대한 의미를 되새겨보고 왔다.

2

　원남저수지는 자동차로 15분 거리에 있다. 낚시를 좋아해 짬이 나면 즐겨 찾는 곳으로 음성군이 캠핑장과 산책로 등 테마공원으로 조성 중이다. 지난 주말에도 낚시할 겸 뜨거운 여름을 아름답게 만들어주는 연꽃을 보러 갔다. 추측대로 연꽃이 한창 피어나는 중이었다.

　품바재생예술촌과 테마공원을 지나 저수지를 가로지르는 구름다리를 건너서 산책길을 따라 수련단지와 연꽃 단지로 이어진다. 연꽃보다 개화 시기가 조금 더 빠른 수련부터 만났다. 수련단지에는 붉은색과 분홍색, 하얀색까지 3가지 색상으로 활짝 피어 있다. 지금이 최절정인 듯 화사한 꽃대를 올린 형형색색의 수련은 맑은 여름 하늘 아래에서 여름의 주인인 듯 한껏 자태를 뽐낸다. 물을 정화해주는 특별한 기능을 가진 꽃. 이른 아침에 꽃을 피우고 늦은 저녁이면 오므리는 꽃이다.

　연밭을 지나 저수지에 다다랐다. 농업용수개발사업의 하나로 조성한 대규모 저수지로 총 면적이 135만3,000㎡이고, 만수면적은 114.4ha, 유역면적은 3,655ha, 수혜면적은 1,080ha, 총 저수량은 879만t이다. 진천군, 증평군, 음성군 등 3개 군이 접해 있고 농어촌공사 괴산지사에서 관리하고 있다.

막상 도착하고 보니 쓰레기가 너무 많아 기분을 상하게 한다. 웬만하면 수거를 하고 낚시를 시작하는 성격인데 원체 많은 양으로 나 혼자의 힘으로는 감당키 어려울 지경이라 그냥 비집고 앉을 수밖에 없었다. 한때는 개인이 임대하여 유료 낚시터로 전환하고 관리를 하여 청결을 유지하였으나 무슨 이유인지 폐장된 지 오래다.

가뭄과 폭우의 피해를 막고자 중부 3군에 농업용수 등으로 활용되는 저수지로 현재 캠핑장, 약초체험 경관산책로, 둘레길, 야동제 등 조성사업이 한창이기도 하다. 원남지는 증평군 도안면 연촌리, 진천군 초평면 신통리, 음성군 원남면 조촌리 등 3개 자치단체가 접해있는 저수지이지만 이 저수지의 담수(湛水) 용도인 농업용수의 관리는 자치단체별로 제각각이다.

음성군은 원남지 수변에 지난 2012년 조성사업을 마친 원남지구 농업농촌테마공원과 조촌마을 권역단위 종합정비사업을 진행 중이다. 권역단위 종합정비사업을 모두 마치면 기존의 오토캠핑장 19면에 캠핑면 40면이 추가되고, 이곳에 관광객을 유인할 수 있는 약초체험 경관산책로, 둘레길, 야동제 등 다양한 조성사업으로 관광객들이 많이 증가할 것으로 예상한다. 저수지 상류에 속하는 음성군은 관광객을 유인하는 각종 시설을 조성하고 있는 반면 증평군은 낚시금지구역으로 단속하고 있지만, 진천군과 음성군은 낚시를 제한하지 않고 있다. 수자원이 부족한 증평군은 농업용수로 사용하는 저수지의 수질오염을 막기 위해 낚시 금지구역으로 지정했을 것이다. 같은 저수지를 두고 수질관리를 위해 낚시를 할 수 없다고 말하는 자치단체가 있는가 하면, 낚시를 금지할 생각이 전혀 없다는 자치단체가 있다. 내 땅에다 내가 개발하거나 낚시를 허용하는 것에 대하여 이론이 있을 수 있을까만 삼봉이 홍수 때 삼봉산이 떠내려와 단양의 도담삼봉이 된 후 단양에서 정선군에 세금을 내라고 한 것과, 이항복의 집에서 자라던 감나무 가지가 자신의 집으로 휘어지자 권율은 자기 집 소유라면서 그 감을 따 먹자 이항복이 권율의 방문에 주먹을 찔러 넣고 "그럼 이 주먹은 누구 것이냐"고 추궁했던 이야기가 비교된다.

내 땅은 내 땅이건만 원남저수지는 현재 괴산 농어촌공사에서 관리를 맡고 있는데, 원남저수지는 글램핑 캠핑장을 조성하면 홍수 조절 기능이 어렵다며 반대 의사를 내비치고 있기도 하다.

자전거를
타며

　연말이 가까워지면서 출판사는 눈코 뜰 새 없이 바쁘다. 각종 문학지며 동인지 출간으로 정신없다. 이럴 땐 개인 문집 출간은 사정하여 미루는 수밖에 없다. 다른 일과는 달리 출판 작업은 정신적으로 스트레스가 이만저만이 아니다. 아무리 꼼꼼하게 들여다봐도 철자, 문법, 오탈자며 띄어쓰기 등 빠지는 데가 많다. 쌓인 스트레스도 풀 겸 지난 일요일 오후, 오랜만에 음성천 제방 둑을 따라 자전거를 탔다.

　이명박 정권 때 4대강 사업으로 닦아 놓은 제방 둑은 곧고 넓게 축조한데다가 콘크리트 포장까지 하여 자전거 타기에 더없이 좋은 코스다. 물론 아스콘보다는 노면이 거칠어 롤링이 심하긴 해도 차량통행도 없고 장애물이 없으니 달리는 데는 최상의 코스다.

　자전거가 건강에 좋다는 말은 이제 더 이상 낯선 말이 아니다. 특히 최근 자전거를 이용한 운동은 관절이나 근육에 큰 부담을

주지 않는 유산소 운동으로 고혈압, 당뇨병, 고지혈증, 비만 등과 같은 성인병을 예방한다고 알려지면서 주목받고 있다. 최근 정부 차원에서 비만과의 전쟁을 벌이는 나라도 있을 만큼 비만은 전 세계적으로 큰 사회적 이슈가 되고 있다. 국내에도 점차 식습관이 서구화되고 운동 부족으로 인한 각종 질병과 비만이 사회적 화두가 되고 있다.

우리 몸은 주로 탄수화물과 지방을 분해해서 이를 에너지원으로 활용한다. 이렇게 에너지원으로 활용하고 남은 지방이 체내에 축적되는 것이 비만인데, 특히 내장 비만이 건강을 해치는 주범이 된다. 쉽게 말해 운동하지 않고 기름진 음식을 많이 먹으면 비만이 된다는 말이다. 자전거 운동은 이러한 문제점에 대한 해결책을 제시할 수 있으며, 최근 자전거 인터넷 카페에도 실제 자전거 타기로 살을 뺀 다양한 사례를 쉽게 찾을 수 있다.

자전거를 꾸준히 타면 심장이 튼튼해지고 혈관에 탄력이 생기며, 폐 기능 또한 좋아진다. 아울러 지방 연소로 인해 살도 빠지고 대신 근육량은 늘어 멋진 몸매를 가질 수 있다. 특히 자전거 운동은 우리 몸에서 근육량이 가장 많은 허벅지 근육을 포함한 하체의 근육량을 늘려주는데, 근육이 늘면 자연스럽게 1일 에너지의 70퍼센트를 차지하는 기초 대사량이 늘어나므로 칼로리 소모가 많아져 먹어도 쉬 살이 찌지 않는다. 덕분에 평상시

꺼리던 음식도 가벼운 마음으로 먹을 수 있다. 효과적인 살빼기는 운동과 함께 식사의 개선도 필요한데, 칼로리가 낮은 음식 위주로 골고루 섭취하는 것이 좋다. 결론적으로 말하면 살을 빼기 위해서는 운동을 많이 하든가 아니면 적게 먹든가 해서 섭취하는 칼로리보다 소비하는 칼로리를 많이 만들어야 한다는 말이다. 한데 운동만 많이 해도 몸에 해롭고, 적게 먹기만 해도 몸에 해롭다. 그러므로 운동량과 식사량이 조화롭게 병행될 때 요요현상과 같은 부작용 없이 살을 뺄 수 있게 된다.

제방 둑을 따라 시원스레 달리다가 잠시 쉬었다. 논농사가 끝난 수로에는 더 이상 물을 가두어 둘 필요가 없으므로 봄, 여름철에 비하면 절반 정도밖엔 흐르지 않는다. 물을 바라다보자니 수유칠덕(水有七德)이라는 말이 생각난다. 노자(子)는 인간수양(人間修養)의 근본을 물이 가진 일곱 가지의 덕목(水有 七德)에서 찾아야 한다고 했다. 낮은 곳을 찾아 흐르는 謙遜(겸손). 막히면 돌아갈 줄 아는 智慧(지혜). 구정물도 받아주는 包容力(포용력). 어떤 그릇에나 담기는 融通性(융통성). 바위도 뚫는 끈기와 忍耐(인내). 장엄한 폭포처럼 투신하는 勇氣(용기). 유유히 흘러 바다를 이루는 大義(대의)라 하여 가장 아름다운 인생은 물처럼 사는 것(上善若水)이라고 하였다.

새해
아침

　새해가 밝았다. 己亥年. 돼지띠다. 속설에 육십 년만 돌아온다는 황금돼지 해이다.

　산허리 돌아/비탈길 동산기슭에/강물보다 맑고/바다보다 더 맑은 작은 옹달샘 물에/가슴에 잠긴 작은 소망처럼/己亥의 태양이 비친다//억만 번 뜨고 졌음에도/다시 뜨면 신성한 태양이/오늘따라 눈부시고/상서로운 조짐은/다산의 상징이요/부의 상징 때문이 아니겠는가//보라! 동산에 떠오른 찬란한 태양/보인다! 설레임으로 부푼/떨리는 無限한 희망의/포부여!

　신문사에서 청탁이 들어와 급히 써 보낸 신년 詩「황금돼지 꿈」이다. 얼마나 바삐 보냈는지 밤잠 못 자고 식사도 걸으며 일하면서도 문학인이기에 거절하지 못하고 후다닥 지은 拙詩다. 그렇다. 돼지 하면 행운의 상징이고 다산의 상징으로 올해는 젊은 부부들이 많이 결혼해서 자라나는 아이들이 많이 태어났으면 좋겠다. 그리고 경제도 부흥하고 정말 행운 가득한 한 해이기를 바라는 마음이다.

  원래 돼지는 멧돼지처럼 야생에서 살던 동물이다. 사람이 길들여 처음으로 기르게 된 것은 6,000년쯤 전, 비교적 인구밀도가 높았던 서아시아지역의 수렵. 채집민이 종래의 생활을 바꾸면서 동물을 길들여 가축화하기 시작했다. 이들 돼지는 혼자 따로 떨어지는 것을 싫어하고 항상 몇 두씩 같이 행동하기를 좋아하는 사회적 동물이다. 서로 어울리다 때가 되면 수컷들은 한 마리의 암컷을 놓고 짝짓기 쟁탈전을 벌인다. 암컷은 일 년에 두 번 새끼를 낳을 수 있다. 어미돼지 한 마리가 5년 동안 백 마리가 넘는 새끼를 낳을 수 있으니 그야말로 다산의 상징이라 할 만하다.

  일반적으로 사람들은 돼지 하면 둔하고 더럽고 욕심 많은 짐승을 떠올린다. 아닌 게 아니라 뭉툭한 몸뚱이에 거칠한 털이며, 앞으로 쭉 튀어나온 주둥이와 조그만 눈, 빈약한 꼬리 등 어느 한군데에서도 세련된 면을 찾아볼 수 없으니 우둔해 보이는 건 당연하다. 하지만, 어쩌다 서툰 사냥꾼의 총알을 맞고 성이 나서 반격해 올 경우, 그 날쌘 동작은 호랑이의 민첩한 행동에 비할 바 아니다. 앞으로 돌진만 하는 줄 알았던 돼지가 급정거도 하고 방향 회전에도 능숙하다. 이런 모습을 본 사람이라면 돼지더러 둔하다고는 말하지 못할 것이다.

돼지가 지저분하다는 생각 또한 잘못된 편견이다. 돼지는 매우 청결한 동물로 스스로 배변분장소와 잠자리를 구분해 깨끗한 곳에서 잠을 자고, 정해진 곳에만 배설한다. 그러면 돼지는 왜 더럽게 배설물이나 진흙에 뒹구는 것일까. 그것은 목욕할 수 있는 청결한 물이 없거나 뒹굴 수 있는 촉촉한 땅이 없을 때에 보이는 행동이다. 돼지는 땀샘이 없으므로 몸을 시원하게 하려면 습기를 증발시키는 방법을 쓸 수밖에 없다. 그러나 고온과 밀사 등으로 인해 심한 스트레스를 받게 되면 아무 곳이나 마구 배변을 하고, 궁여지책으로 배설물에서 뒹군다. 생존을 위해 어쩔 수 없는 선택을 하는 것이다.

얼마 전 손녀의 첫돌이 지나갔다. 예전과는 달리 요즘 돌잔치를 크게들 한다. 가족 친지 친구 선후배를 초청했는데 과히 결혼식과 같은 큰일로 치렀다. 손녀의 첫돌을 맞이한 소감을 묻는 말에 '기해년 돼지해에 둘째 손자를 꼭 안겨 달라'고 하였으니 내가 욕심이 과했다. '손녀를 낳아준 아들 며느리에게 고맙고, 손녀에게 축하한다.'는 말을 먼저 했어야 했는데……. 그만큼 황금돼지해에 대한 열망이 컸던 모양이다.

새해 동산에 올라 떠오르는 태양을 보며 지은 신년시 중에 세상에서 가장 짧은 음수 3/5/4/3의 단장시조 한 수로 발췌해 읊어본다.

'일출// 억만 번 뜨고 졌어도 다시 뜨면 순결해'

겨울
나기

날씨가 추워지면서 서둘러 새장을 사무실로 옮겨야만 했다. 새들은 추위에 약하다. 문조는 더욱 그렇다. 원산지가 말레이시아반도, 수마트라, 보르네오, 중국 남부, 인도의 일부 지역으로 따뜻한 지방에서 자라는 새이기에 우리나라에서의 겨울나기는 힘겨울 수밖에 없다.

여러 종류의 새 중에 유독 문조만을 사무실로 들이는 데는 특별한 이유가 있다. 문조는 털이 빠지지 않는다. 많은 사람이 새 기르기를 꺼리는 이유 중 하나가 털 때문이 아닌가 싶은데 문조는 이를 극복한 유일한 새이다. 알려지기에는 관상조이지만, 애정을 가지고 어려서부터 훈련을 시키며 손 놀이를 가르치면 훌륭한 애완조로 주목받을 수 있는 새이다.

원산지에선 논이나 밭에 떼 지어 다니며 참새처럼 곡식을 해치는 새였는데 집에서 기르면서부터 가장 사랑받는 새가 되었다. 문조는 새 중의 귀족이다. 특히 온몸이 눈처럼 하얀 백문조는 그 기품이 귀족답다. 앵무새만큼이나 많이 키우는 새이기도 한데 옛날 선비들이 사랑하고 키웠던 새라 문조라고 불렸다. 그래서인지 문(文)자의 의미가 풍기듯이 고상하고 기품이 넘친다. 그래서 옛 선비들이 즐겨 기르던 새인 모양이다. 문조는 흑문조 백문조가 가장 많고, 흔하진 않지만 파스텔문조, 갈색문조, 청문조, 크림문조 등 색깔이 다양한데 내가 기르는 새는 백문조와 흑문조 두 쌍이다.

사무실로 옮기고 나서 새의 가슴을 보고 놀랐다. 수놈들의 가슴팍 털이 뽑혀 맨살이었던 것이다. 하도 의아해 자세히 관찰하니 부리로 가슴 털을 뽑아 부란통으로 들어가는 것이었다. 며칠 후 부란통을 열어 보았다. 과연 그곳에는 이미 많을 털을 모아 아늑하고 포근한 보금자리로 만들어 놓았었다. 내가 무심했었구나. 깃풀이라도 넣어주었어야 했는데….

사실 문조는 봄부터 가을까지가 번식철이다. 수컷이 횃대 위에서 폴짝폴짝 뛰는 구애춤을 추면서 발정이 오는 것인데 한 겨울에 번식할 줄이야 꿈에도 생각지 못했다. 암컷이 알을 안전하게 낳게 하려고 자신의 가슴 털을 뽑아 보금자리를 만든 것이다. 기특하기도 하여라.

새 중에 부부애가 좋기로는 잉꼬가 으뜸이다. 잉꼬는 앵무새의 또 다른 이름으로 주로 크기가 작은 앵무새를 가리키는데 잉꼬는 앵가(鸚哥)라는 한자를 일본어로 읽은 이름이다. 이는 근본적으로는 앵무(鸚鵡)새와 동일한 종류의 새를 말한다. 잉꼬는 서로 마음에 들면 입속의 것을 서로 나누어 먹는 습성이 있어 러브버드라고 불리며 잉꼬부부의 어원도 여기서 나온 말이다.

잉꼬만큼 사랑새로 알려진 건 원앙인데 실제 원앙금은 신혼부부가 함께 덮는 이불을, 원앙침은 부부가 함께 베는 베개를 가리키고 있다. 예부터 원앙은 부부간의 애정을 표현하는 동물로 알려졌다. 신혼부부들이 가장 바라는 금슬 좋은 부부의 상징이다. 원앙은 부부가 항상 같이 다니기 때문에 부부간의 금실이 좋은 새로 인식되었고, 그것을 바탕으로 원앙이 부부 사이의 금슬을 좋게 해준다고 믿었던 사람들은 결혼할 때 원앙 조각 또는 원앙을 수놓은 이부자리 심지어 원앙 한 쌍을 선물하기도 했다. 하지만, 실제 원앙은 부부금실이 그다지 좋지 않다.

부부애가 유다른 아들 내외다. 돌이 지난 지 한 달여 지난 손녀는 아직도 모유를 먹는다. 어떻게든 떼어보려고 애를 쓰는 모습이 역력한데, 그럴수록 아이는 죽자사자 매달리고 보챈다. 이러지도 저러지도 못하고 안절부절인 마음 여린 며느리를 지켜보는 마음이 안쓰러워 못 보겠지만 어찌하랴. 어차피 둘째를 가질 결심이면 나이도 있는데 하루라도 빨라야 좋지 않은가. 황금돼지띠를 가진 손자가 되기를 고대해 본다.

변치 않는
백년숙적

　일요일에 동해를 다녀왔다. 자꾸 떨어지는 시력감퇴와 어지럼증으로 서울병원 진료를 앞두고 걱정이 됐지만, 여행은 언제나 그렇듯 가슴 부푼 일이다. 출발 전 멀미약을 미리 먹었으나 고질적인 차멀미의 두려움은 떨칠 수가 없었다. 동해가 가까워질수록 가슴은 더욱 벅찼다. 한겨울 동안 웅크리고 있던 마음을 탁 틔워본다? 생각만 해도 후련하다.

　넓고 푸른 바다가 눈앞에 확 들어왔다. 그런데 기대만큼의 시원함보다도 마음 한구석 아린 것이 솟구친다. 저 수평선 끝 어딘가에서 일어났단 일본 초계기 사건 때문이다.

　사건의 시작은 해상에서 한국군함과 해경이 북한의 어선을 구조하는 과정에서 일어난 일이다. 일본 대잠초계기가 비행했고 한국군함이 일본 초계기에 미사일을 발사하기 직전에 쏘는 레이더를 쐈다고 일본에서 주장하면서 문제시됐다. 한국군함이 북한어선을 구조하는 것이 목적인 것은 일본 초계기에서도 알

앉을 것이다. 바다에서 배가 조난을 당했을 때는 가장 우선시되는 것이 인명구조다. 만약에 이 배가 일본이나, 중국선박이어도 한국군함은 구조해야 한다. 이번 일에서 한국군함이 북한어선을 구조할 수 있었는데도 구조를 하지 않았다면 한국 내에서 크게 비난을 받았을 것이다.?

우리 해군 광개토대왕함이 일본 해상자위대 초계기를 레이더로 조사했다는 일본 측 주장과 관련해 우리는 사격통제 레이더가 일본 초계기를 겨냥하지 않았다는 분석 결과를 내놓았다. 오히려 무장한 초계기가 광개토대왕함에 근접해 저공비행한 게 위협행위였다고 평가했다. 광개토대왕함 사통 레이더는 광범위한 탐색 목적인 탐색레이더와 사격을 위해 표적에 빔을 쏴 거리를 계산하는 추적레이더가 있다. 일본은 '조사'라는 표현을 써가면서 광개토대왕함이 추적레이더로 P-1을 겨냥했다고 주장하고 있다.

위안부 문제와 강제징용 배상 판결 등 과거사 갈등에서 벗어나지 못하던 한일관계가 초계기, 레이더라는 안보 갈등이 더해져 심상치 않은데 국방부는 일본 해상자위대 초계기가 우리 함정을 향해 또다시 근접 위협비행을 했다고 밝혔다. 일본 초계기의 우리 함정에 대한 위협비행은 이미 알려진 지난달 20일 북한어선을 구조 중이던 광개토대왕함에 대한 위협비행 외에도 이

달 18일과 22일에도 있었다고 하니 충격적이다.

그런데 며칠 전 러시아군 대잠초계기가 일본 주변 상공을 비행해 자위대 전투기가 긴급발진했다고 NHK가 전했다. 러시아군의 초계기 2대가 홋카이도 인근 해상에서 동해 쪽으로 남하, 오키나와 미야코 섬 사이 상공을 통과해 태평양 쪽으로 나간 뒤 북상해 오후에 러시아 쪽으로 돌아갔다. 해당 비행기는 대잠초계기가 주 임무이고 분류도 그렇지만 조기경보기도 겸하는 특이한 초계기이다. 즉 일본 수도 및 혼슈 중앙 방공 및 제공망을 훑고 간 행위이며 순서가 달라서 그렇지 16일 훈련한 Su-24폭격기는 철저히 저공고속침투하여 전략거점을 비행한 폭격기이므로 사실상 도쿄 공습훈련을 한 셈이다.

이는 단순히 러시아가 한국편을 드는 것은 아니다. 일본 정부 특히 방위성이 당혹스러운 것은 동해방면으로 러시아 공군기들이 일본으로 접근하는 동안 평소에는 한국 측이 이를 감시하거나 알람으로 일본에 통보해 주는데, 이번에는 해주지 않았다. 근데 이번에는 달랐다. 한국군뿐만 아니라 주한미군도 침묵했다.

러시아의 의도는 명확하다. 러일평화조약에서 매우 유리한 요구를 강요하기 위해 벌인 압박전술인데 일본이 초계기 갈등을 무례하게 키워 한일 간 우호적 외교가 돌이킬 수 없는 지경에 처하는 걸 보고 한국이 저지해주지 않을 거라는 확신 속에 일본에 기습적인 압박을 건 것이다.
 바다 건너 일본에 말하고 싶다. 뿌린 대로 거둔다는 말 명심하라고….

밟아야
큰다

　우수가 코앞에 닥치자 마음은 벌써 봄이다. 꽁꽁 얼어붙었던 골짜기의 얼음과 잔설이 녹아내려 맑은 물로 도랑을 채우면 나도 모르게 해맑은 봄의 기척에 동요되는 것이다. 냇가의 수양버들이 노릇노릇 물이 오르고 들판 저 멀리 하늘 맞닿은 지평선에 아지랑이가 모락모락 피어오르면 보리밭에는 청보리 싹이 파릇파릇 돋아난다. 생각할수록 가슴 벅찬 새봄의 전경이 눈에 밟히는 계절이 아닌가.

　때를 같이하여 청운의 꿈을 안고 선거전에 출사표를 던진 친구가 있다. 올해는 대선, 총선, 지방선거가 없는 해라 조용할 줄 알았다. 그런데 농협, 산림조합, 새마을금고의 수장을 뽑는 선거가 있어 동네가 온통 어수선하다. 나의 둘도 없는 절친이자 문우인 친구가 음성새마을금고 이사장에 입후보했다. 8년 전 고배를 마신바 있는 친구다. 낙선의 아픈 경험을 하였으니 얼마나 고심한 끝에 결정 하였겠느냐마는 이를 지켜보는 나 또한 여간 마음 졸여지는 일이 아닌데. 선거는 마약이라 했던가? 한번 선거판에 끼어들면 발 빼기가 쉽지 않다더니 친구도 예외가 아닌 모양이다.

 그러나 친구는 그동안 하늘을 원망하지 않고 불원천(不怨天). 다른 사람을 탓하지 않는 불우인(不尤人)이라는 말을 되새겼다. 알아주는 사람이 없어도 하늘을 원망하지 않고 사람을 탓하지 않는 것은 나를 알아주는 이는 저 하늘이 아닐까? 라고 생각한 끝에 재도전의 꿈을 키워 왔단다. '하늘을 원망하지 않고, 남을 허물하지 않는다.' 이 멋진 말과 같이 친구는 주위의 유혹에도 아랑곳없이 자신의 올곧은 생각으로 바른길만 걸어온 사람이다.

 나도 덩달아 바쁘다. 선거는 혼자 치르는 것이 아니다. 부모·형제 가족 친지는 물론 가까운 이웃이며 친구들이 도와주지 않으면 힘들다. 그렇다고 도와준답시고 선 듯 나서는 것도 용이치 않다. 지역사회라는 것이 이리저리 걸리는 것도 많고 살아가는 근간이 얽혀 있으므로 반근착절(盤根錯節)이다. 개인이나 집단 사이에 목표나 이해관계가 다르기 때문이다. 갈등이 적대시되거나 충돌할 정도로 악화될 상태라면 곤란하다. 이번에 출마한 후보자 4명 중 누구와도 나와 걸리지 않는 사람은 없다. 어느 쪽을 응원할 수도 가만히 있기도 멋쩍은 진퇴무로에 서 있다. 그래서 지방선거가 더 힘들다.

　그런데 이사장 선거야 그렇다손 치더라도 부이사장직에 입후보한 후배가 있어 더욱 곤혹스럽게 한다. 이사장은 보수라도 있지만, 부이사장직은 무보수다. 창사 이래 부이사장직을 놓고 선거를 치른 바 없었다. 현 부이사장은 80을 넘긴 분으로 10년 이상 그 자리를 지켜온 그는 아들 내외가 출세하여 중앙부처 쪽의 요직 생활에 아쉬움이 없을뿐더러 금고의 발전에만 정열을 다 바쳐 온 욕심 없는 사람이다. 지역사회의 대선배인 그와 굳이 경선을 하여 그 자리에 앉고 싶은지. 설득을 해 보았지만 '그분 할 만큼 했잖아요?'라고 하여 설득은 수포로 돌아갔고 그분은 결국 후배와의 싸움을 원치 않기에 불출마로 막을 내렸다.

　그런 게 선거다. 밟지 않고서는 올라서지 못한다. 당장의 영예가 아니더라도 다음에 더 큰 무엇을 위해서는 한 줄 명함에 새길 이력이 중요한 사람들. 이 좁은 지역에서 선후배가 통하던 시대는 끝났나 보다. 현재 이사로 등록돼 있는 나도 생각이 깊어진다. 20년 전부터 나를 도와 사회단체를 이끌게 했던 그가 나보다 한자리 위인 부이사장직에 앉게 되었으니 '할 만큼 했잖아요?' 소리 나오기 전에 정리해야겠다.

　봄이 오면 보리밟기를 한다. 언 땅이 솟아오르면서 뿌리가 들뜨므로 뿌리의 안착을 위해 밟아주어야 한다. 밟는 쪽이 아니라 밟히는 쪽이 뿌리가 활착되고 튼튼한 보리가 되는 이치와는 다른 의미로 밟아야 올라서는 현실을 어떻게 설명해야 좋을까.

기가 센
민족

    3·1절을 맞아 봄나들이를 갔다. 봄이란 말만 들어도 가슴이 두근거린다. 남쪽으로 내려갈수록 온화한 기온이 마음을 포근하게 했다. 봄은 만물이 약동하는 희망의 계절인 만큼 모두를 부풀게 하지만, 소리 없이 왔다가 총총 사라져 안타까움도 준다.

    길고 음산한 겨울, 모두 안일의 꿈에 잠겨 있을 때 어디선가 노고지리 소리가 들리면 벌써 봄이라 한다고 김동인은 말했다. 남보다 앞선 감각을 지닌 시인들도 느끼지 못할 만큼 봄은 살짝 오는가 보다. 송나라 때 대익이란 시인은 온종일 봄을 찾아다녀도 만나지 못하다가 우연히 돌아오는 길 매화나무 가지 끝에 매달려 있었다고 노래했다.

    그렇다. 춘소일각 치천금(春宵一刻 值千金) 봄밤의 한순간은 천금의 값어치가 있다는 말이다. 봄이 왔다고 모두 마음이 들뜰라치면 벌써 따가운 햇볕에 그늘을 찾게 될 만큼 봄은 사라지기 바쁘다. 그것은 긴긴 겨울밤 잠 못 이루던 기억이, 얼마 안 가 조금 잠을 설쳤다 하면 동녘이 밝아올 정도로 짧아졌다고 느끼기 때문일 것이다. 봄날 밤의 한가롭고 아름다운 경치는 비교할 수 없을 만큼 빼어나다고 비유할 때 쓰는 말이다.

남쪽으로 내려갈수록 미세먼지가 심했다. 오후가 되었는데도 안개가 잔뜩 낀 듯 지독해서 속도를 낼 수가 없었다. 어느 듯 군산항에 다다랐다. 군산항. 군산항은 개항과 동시에 몰려든 일본인들에게 전라도의 넓은 평야는 새로운 기회를 준 땅이었다.

1910년 일제에 의한 강제 병합을 전후로 하여 그들은 일제의 강력한 지원 아래 토지를 빼앗고 새로 둑을 쌓아 농지를 만드는 간척 사업을 진행하였다. 전라도의 넓은 농지는 일본인 지주와 친일 지주들이 운영하는 거대한 농장으로 변하였고 대다수 농민은 소작농으로 전락하였다.

일본인 지주들이 소작료로 챙긴 쌀은 군산항에 모아져 일본의 오사카로 보내졌다. 이렇게 군산항은 일제 강점기 국내의 3대 항구로 곡물 수탈의 상징이 되었다. 군산의 동네 이름에는 장미동, 미장동, 미원동, 미룡동 등 쌀 미(米)자가 붙은 곳이 많은데, 이는 바로 군산이 쌀 수탈의 기지였음을 보여준다. 군산내항 일대는 '쌀 곳간'을 의미하는 장미동(藏米洞)으로 불렸다. 일제가 곡창지대인 호남평야와 충청도 일대에서 수탈한 미곡을 임시로 쌓아 두었던 부두 창고가 있었던 것에서 유래한 이름이다.

우리 한국인을 일컬어 세계에서 가장 기가 센 민족이라고 말한 사람이 있으니 우리나라에서 15년간 기자생활을 한 영국의 '마이크 브린'이란 사람이다. 그는 한국인은 강한 사람에게 꼭 "놈"자를 붙인다고 했다. 말하자면 미국놈, 왜놈, 떼놈, 소련놈 등 무의식적으로 "놈"자를 붙여 깔보는 습관이 있단다. 특히 일본인에게는 더욱 그렇다. 일본놈, 또는 왜놈이다. 반대로 약소국엔 관대하여 아프리카 사람, 인도네시아 사람, 베트남 사람 등 이런 나라에는 절대로 "놈"자를 붙이지 않는다는 것이다. 그의 말에 의하면 이는 한국의 산야는 음양이 강하게 충돌하기 때문에 강할 수밖에 없고 강한 자는 강한 종자를 생산한다는 것이다.

미세먼지로 인하여 더는 여행을 할 수가 없었다. 다시 핸들을 바꿔 돌아오는 길에 만리포를 들렀다. 드넓게 펼쳐진 백사장은 마치 밀가루를 뿌려 놓은 듯 고운 모래가 끝없이 펼쳐졌다. 눈 씻고 찾아보아도 좁쌀 톨 만한 모래도 없다. 올여름에는 꼭 손녀를 데리고 이 보드라운 모래사장을 걷고 싶다.

잠이 없는 파도는 철썩철썩 가슴만 태우고, 새봄의 짧은 밤이 깊어 간다. 봄밤이 아름다운 만큼 어렵게 얻은 짧은 시간도 천금처럼 아깝고 귀중하게 여겨 알차게 보내야 한다는 의미 있는 새봄의 밤이다. 3.1절. 3.1절은 유관순 열사를 기억하게 한다. 독립만세운동으로 해방의 씨앗이 된 날이다.

어떤
여행

　어지럼증이 심하여 용하다는 이비인후과를 이곳저곳 다녀 보아도 증후를 찾아내지 못하여 서울 삼성병원을 다녀왔다. 머리를 숙이거나 누웠다 일어나면 머리가 핑 돌면서 하늘이 노래지는 것 같고 어질어질하다. 말하자면 돌아누울 때, 올려다볼 때, 머리 위치를 변화시킬 때 나타나는 묘한 증상이다. 약간의 두통이 따르기도 하는데 세상이 돌아가는 것 같고 흔들리며 기우는 것도 같다. 마치 구름 위에 있는 듯 솜 위를 걷는 듯도 했다. 그럴 때면 눈을 감고 한참을 기다렸다 움직여야 했다. 누구는 이석증이라고도 하고 달팽이관에서 중심을 못 잡아 그렇다고도 했다.
　원인 불명의 판정을 받고 삼성병원을 다녀오는 중에 아들 내외가 이번 봄에는 가족여행을 제주로 잡아놨다고 했다. 제주도는 우리나라 사람 중 많은 이들이 국내 여행지로 최고로 꼽는다. 오염되지 않은 깨끗한 바다와 해변과 기암괴석, 오름의 기생화산과 곶자왈 숲이 한데 어우러진 풍경은 대부분 여행자들에게 오기를 잘했다는 만족감을 느끼게 해준다.

제주도가 아무리 국내 최고의 관광지라고는 하지만 문제는 어지럼증이다. 내 어지럼은 차를 타면 영락없이 차멀미를 한다는 것이다. 차멀미는 자가운전을 하면 느끼지 않는다는 것이 통례인데 나는 내가 손수 운전을 해도 멀미가 난다. 정확히 말해서 어지럽다는 것이다. 운전이란 앞만 똑바로 보는 것이 아니다. 앞뒤 좌우를 살펴야 하는데 백미러나 룸미러를 보면 어질어질하다. 더욱이 비행기를 타고 배를 타야 하는데 이를 감당해낼지 겁부터 덜컥 나, 나를 당황하게 하였다.

3박 4일의 이번 제주도 여행은 두 가지 의미가 있다고 했다. 첫째는 내 생일이고, 둘째는 아이들 결혼기념일이 끼어 있단다. 내 생일 때문이라면 어지럼증을 핑계 삼아 거절한다고 말하고 싶은데 아버지로서 자식의 결혼기념일은 도저히 취소시킬 수 없는 일이 아니겠는가. 덧붙여 말하기를 본래는 해외로 잡아놨다가 이제 14개월이 된 딸아이가 너무 어려 국내로 여행지를 바꿨다는 데는 할 말이 없었지만 내심 속으로는 어지럼증으로 큰 병원에 갔다가 오면서 웬 뚱딴지냐 싶기도 했다. 여불비하고 우선 효도하고자 한다는 뜻에 감동하여 거절하지 못하였다.

몇 날 며칠 멀미에 대한 두려움을 걱정하며 불안한 나날을 보내는 동안 어지럼증은 더 심했다. 어느 듯 출발일이 다가왔다.

하루 전부터 항구토 및 항현훈 작용을 나타내어 멀미로 인한 구역, 구토 및 어지럼증을 예방하는 키미테를 붙이고 당일 날은 멀미약을 두 병이나 복용했다. 비행기는 이, 착륙 시에 제일 조심하라고 했다. 머리를 똑바로 하고 마치 명상하듯 조용히 눈을 감았다. 키미테와 멀미약의 효험인지 거짓말처럼 아무 탈 없이 이륙했고 무사히 착륙했다. 기내에서는 귀여운 손녀가 "하비. 하비" 불러도 가급적 대답만 해줄 뿐 머리와 고개를 움직이지 않았다.

제주도에서도 가장 제주도의 모습을 많이 지닌 곳이 바로 우도다. 우도는 제주도의 또 다른 속살이라고 불릴 만큼 제주도를 가장 많이 닮았다. 그 우도가 이번 여행의 가장 관심이 가는 곳이었다. 우도는 배로 이동해야 했다. 배는 멀미하는 사람에게 그 야말로 두려움의 대상이다. 그러나 나는 비행기를 탈 때처럼 명상자세를 취하지 않았다. 15분가량 타는 배이어서인지는 몰라도 배 안의 이곳저곳을 돌아다녀도 푸른 바다와 시원한 바닷바람 탓인가? 아무 탈도 나지 않았다.

곰곰 생각해 보았다. 두려움의 대상이었던 멀미가 신체적 결함이 아니라 정신적 불안정에서 오는 것은 아닐까. 원인불명의 어지럼증 또한 같은 맥락일지도 모른다는….

풍년의
역설

 어느새 여든이신 큰형은 '이제 힘이 부쳐 농사일을 접겠다'며 내게 밭 천여 평을 내주셨다. 이 밭에다 무얼 심을까 고심하다가 농사를 짓는 선배에게 자문을 구했다. 이야기를 듣고 난 선배는 "그래? 나도……."하고 말문을 열다가 멈추는 것이었다. 나는 당연히 '나도 그런 형이 있었으면'라고 말할 줄 알았다. 그런데 그게 아니었다. 그 선배는 뜻밖에도 "그래. 나도 자네 형처럼 그런 형이었음 좋겠네." 사실 그 선배의 동생은 일찍이 소아마비 장애를 앓는 동생이었다. 내내 가슴이 짠했다.

 삼월 말이다. 삼월 말에서 사월 초순이 감자 심는 시기다. 베란다에 보관해 두었던 씨감자 주머니를 풀었다. 벌써 눈언저리가 푸르스름하게 녹색을 띠고 있고 더러는 노랗게 싹이 올라와 있다. 씨눈에서 싹이 튼 것이나 녹색을 띤 것은 몸에 해가 되는 독소 성분 '솔라닌solanine'이 생긴 것이다.

 솔라닌 중독의 위험부위는 저장 중에 생기는 흔히 볼 수 있는 녹색부위와 발아한 새로운 싹이다. 이곳에는 0.1% 이상의 솔라닌을 함유하고 있다. 사람에게서 식후 5~6시간 이내에 발병하는데 복통, 언어장애, 의식 장애 등을 일으킨다. 그래서 감자 싹은 반드시 잘라내고 먹어야 한다.

독이 있는 녹색을 띤 눈언저리는 얼마나 단단한지 칼로 도려내려 하면 칼도 잘 들어가지 않을 정도로 단단하다. 대개 감자를 심기 위해 눈을 떼 내려면 보통 2~3조각을 낸다. 눈 부위 말고 다른 곳은 도려내는데 별문제가 없지만, 싹을 틔울 눈만은 용납하지 않아 칼도 들어가지 않는데, 이는 후세를 위한 최후의 방어 수단이 아닌가 싶다. 대단한 모성이다.

선배가 가르쳐준 대로 로터리를 치고 골을 만들고 비닐 씌우기를 했다. 그런데 농사일이란 게 그렇게 만만치가 않다. 못 배우고 가진 것 없는 사람들이 짓는 게 아니다. 그야말로 과학 영농시대다. 그런데 농사를 잘 지어도 걱정이란다.

"저 아까운 채소를 그대로 버리다니! 저 채소 나한테 주지!"
배추, 무, 양파 등등 채소들이 산지에서 그대로 버려진다는 소식을 접하면 흔히들 나오는 소비자들의 탄식이다. 그렇다. 농사가 아주 잘 돼도 문제다.

채소가 남는다고 해서 그 작물들을 소비자에게 싸게 혹은 공짜로 줄 수는 없다. 풍년이라 채소가 많아졌다고 해서, 그 물량이 그대로 시장에 풀리면 가격이 더 떨어진다. 채소 가격이 떨어진 상태에서는 산지에서 수확하고 판매지로 이동시키고 포장하는 비용까지 들면 더더욱 남는 게 없어진다. 이 때문에 생산자들은 채소 가격이 떨어지면 그대로 현지에서 갈아엎는 산지폐기를 택하게 된다. 밭에서 애써 키운 작물을 갈아엎는 농민들의 상심이 느껴진다.

지난해 유난히 포근한 겨울이 지속되면서 올봄에 채소가 풍년이 들었다. 채솟값이 폭락하자 어김없이 전국에서 산지폐기가 이뤄지고 있다. 올해는 지난해보다 폐기 규모가 더 커질 것으로 예상한다. 지난 5년 동안 산지폐기 비용에만 500억 원이 쓰였다. 애써 키운 작물들을 버리는 농민도 농민이지만, 버리기 위해 막대한 예산을 또 들여야 하는 정부도 불편하기는 마찬가지다.

감자농사를 준비하며 시작부터 걱정이다. 물론 대규모 농사는 아니지만 당장 올가을엔 자두나무 300여 주를 심어야 하는 나로서는 그냥 흘려들을 얘기가 아니다 보니 벌써부터 걱정이 앞서는 것이다.

상엿소리

어디선가 구슬픈 소리가 들린다. 많이 들었지만 잊힌 지 오래된 듯, 그러나 아직도 뇌리에 생생하게 남아있는 애틋하면서 구성진 그 소리, 상엿소리다. 나도 모르게 소리 나는 곳을 따라가 보았다. 상엿소리는 뜻밖에 시장통 한복판이었다. 앞에는 수십 기의 만사(輓詞)가 꽃상여의 길을 열고 그 뒤를 베옷을 입은 상주들이 뒤따르는데 상두꾼의 상엿소리와 상여꾼들의 후렴 소리가 어우러진 옛 장례 풍경이 눈앞에 펼쳐지고 있다.

저승길이 멀다더니, 대문 밖이 저승일세/만장 같은 집을 두고, 북망산천 찾아가네/나비나비 호랑나비, 날과 같이 청산 가세/이팔청춘 소년들아, 백발 보고 웃지마라/여보시오. 시주님네, 이내 말씀 들어 보소/이 세상 나온 사람, 뉘 덕으로 나왔는가/석가여래 공덕으로, 칠성님 전 명을 빌고/아버님 전 뼈를 빌고, 어머님 전 살을 빌고/이내 일신 탄생하니, 한두 살에 철을 몰라/부모 은공 알 소냐, 이삼을 당하여도/부모 은공 못다 갚고, 어이없고 애닯 구나/원수 백발 돌아오니, 없던 망령이 절로 난다.

죽음이 무엇인지, 슬픔이 무엇인지 모르던 어린 시절. 간간이 동네 사람들이 죽으면 하얀 꽃이 가득 달린 상여를 여럿이 둘러매고 상엿소리라는 것을 하며 들을 지나 산으로 가는 것을 보았다. 어린 눈에 꽃상여가 그리도 예뻐 보였는지. 나는 꽃상여에 매료되어 상엿소리를 따라 들길을, 산길을 따라 걸은 적도 있었다.

오늘 상엿소리는 사람이 죽어서가 아니다. 초미세먼지를 내뿜는 발전소 건설을 반대하는 주민들의 시위성 집회였다. 만장이 무슨 뜻을 담고 있는지 잘 모르지만, 만장 깃발 수가 많을수록 그 사람의 생전 명예와 부의 척도를 알아볼 수 있었다니 요즘 장례식장 앞의 화환의 수가 많고 적음으로 고인의 명예와 부의 척도를 가늠하듯 그런 풍습의 일종이 아닌가 싶다. 하얀색 붉은색 파랑색 노랑색 울긋불긋 수많은 만사(輓詞)에는 죽음을 애도하는 시가(詩歌)가 아니라 '청정지역에 죽음의 연기가 웬말이냐' '대대로 물려받은 문전옥답 버리고 떠날 수는 없다' '주민이 원하지 않는 LNG발전소 건설을 즉각 철회하라'등등 반대문구의 만사다.

액화천연가스 발전소가 들어선다는 곳은 음성군 음성읍 평곡리 일대 5만여 평이다. 이에 주변 마을 주민들과 음성, 소이, 원남 3개 읍면 주민들이 대규모 집회를 연 것이다.

미세먼지는 자동차 배출가스나 공장 굴뚝 등을 통해 주로 배출된다. 중국의 황사나 심한 스모그 때 날아오는 크기가 작은 먼지를 초미세먼지라 부르며 지름 2.5㎛ 이하의 먼지로서 PM2.5라고 한다. 대기 중으로 배출된 가스 상태의 오염물질이 아주 미세한 초미세먼지 입자로 바뀌기도 하는데 초미세먼지가 미세먼지보다 더 위험한 것은 허파꽈리 등 호흡기의 가장 깊은 곳까지 침투하고, 여기서 혈관으로 들어가기 때문이다.

미세먼지의 원인은 인간이 편의와 소비를 위해 만들어낸 결과다. 편하게 살고, 이것저것 소비하면서 살기 위해 화석연료를 마구잡이로 사용한 결과물이라고 할 수 있다. 수많은 공장과 발전소, 자동차, 난방 등 화석연료 사용을 줄이지 않고는 답이 없다. 하지만, 먹고살고, 돈 벌려고 당장 가능한 일은 아니다.

정부는 국내 LNG발전소에서 일산화탄소(CO) 미연탄화수소(UH C) 등 유해물질이 다량 배출된다는 사실이 드러난 것과 관련, LNG발전소 전반적인 실태조사를 하겠다고 밝힌 바 있다. 정부는 또 2022년까지 미세먼지를 30%까지 줄인다는 계획이라는 점에서 음성군에 추진 중인유해물질을 배출하는 LNG발전소 건설은 취하될 가능성이 크지 않을까.

옆집에 누가 사는지도 모르고 사람이 죽어나가도 모르는 세상에, 세상에서 멀어져간 상여광경을 참으로 오랜만에 접해 보았다.

닮은 듯 닮지 않은가 싶은데 닮았네

우려는 했었다. 두둑을 만들고 비닐멀칭을 했는데 감자 씨를 놓기도 전에 비닐을 뚫어놓는 놈은 발자국을 보아 고라니란 것을 진즉에 알고 있었다. 결국, 감자 싹이 나오면서 농사 외의 수고를 하지 않을 수가 없었다. 밭 둘레에 고라니 퇴치를 위한 울타리 망을 쳤다.

고라니는 노루와 사슴의 사촌 격으로 지방에 따라서 보노루 또는 복작노루라고도 부를 만큼 노루와 많이 닮은 소목 사슴과에 속하는 온순한 동물이다. 천적인 호랑이와 늑대가 멸절하면서 개체 수가 급증했다. 노루와는 비슷하지만, 몸체가 조금 작고 송곳니가 있어 구분되지만, 아무튼 고라니 노루 사슴은 철쭉과 진달래와 영산홍이나, 나팔꽃과 메꽃의 구별처럼 헷갈린다.

모가지가 길어서 슬픈 짐승이여/언제자 점잖은 편 말이 없구나/관(冠)이 향기로운 너는 무척 높은 족속이었나 보다//물속의 제 그림자를 들여다보고/잃었던 전설을 생각해 내고는/어찌할 수 없는 향수에/슬픈 모가지를 하고 먼 데 산을 바라본다.

　내성적이며 오만할 정도로 자존심이 강한 노천명의 시 사슴은 꼭 그의 자상 시 같다. 이 겁 많고 순한 동물이 농작물에 해를 끼친다는 것은 생각하기 어렵게 이율배반이다. 사실 사슴은 모습만 노루 고라니지 엘크나 순록의 축소판이다.

　나를 헷갈리게 하는 것은 나무에도 있다. 전나무 잣나무 소나무가 그렇고, 진달래 철쭉 영산홍이 구분이 안 되고 나팔꽃과 메꽃이 구분이 잘 안 된다. 바닷고기도 그런데 특히 넓적한 것 중에 넙치 광어 도다리 가자미는 구별을 못 한다. 사람의 관계도 이런 경우는 종종 있다. 나와 성격이 판이하게 다른 친구가 절친일 수도 있고 잘 맞을 거란 객관적이 생각이 전혀 빗나가는 경우도 많다.

　누가 뭐래도 가장 비슷한 모습은 부모·형제다. 이 시는 박지원의 연암억선형(燕巖憶先兄)으로 세상을 떠난 형님을 그리며 지었다.

　我兄顔髮曾誰似 내 형님의 모습이 꼭 누구와 닮았던고/每憶先君看我兄 아버지 생각날 젠 우리 형님 보았다네//今日思兄何處見 오늘, 생각나는 형님 어디서 본단 말인가/自將巾袂映溪行 의관을 갖춰 입고 시냇가로 달려가네.

　연암의 뭉클한 인간미를 엿볼 수 있다. 돌아가신 아버지와 똑

닮았던 형. 그래서 아버지가 그리우면 형의 얼굴을 물끄러미 바라보았던 연암. 하지만 그 형님조차 이승을 하직하였다. 연암은 이제 혹 자기의 얼굴에서 형의 모습을 볼 수 있지 않을까 하여 주섬주섬 옷을 챙겨 입고 시냇가로 부리나케 달려간다는 말이다.

 연암은 글쓰기를 업으로 삼았던 사람이다. 비겁하지 않게 산다는 것. 연암 시절은 미래를 담보하지 않고는 불가능한 일이었다. 설명을 따로 붙일 필요도 없다. <홍루몽>의 '진실은 숨고 거짓말은 남아 있다'라는 글귀만 잠시 빌리면 된다. 고금동서를 막론하고 늘 '진실'보다는 '거짓'이 유행한다. 다만 '거짓'앞에, '조금' 혹은 '더'라는 부사가 붙느냐의 차이가 있을 뿐이다. 물론 연암의 시절이나 지금이나 아롱이다롱이요, 도찐개찐이지만, 글에서만큼은 지금과 비교할 수 없을 정도로 '더 거짓'인 시절이었다. 그래 비겁하지 않게 세상을 산다는 것이 너무도 어려웠다. 나는 글을 쓸 때면 박지원의 말을 종종 되뇌곤 한다. 다른 듯하면서 같고, 같은 듯하면서도 다르게 쓰라는 말이다.

 사람 사는 세상은 어떤가. 내 삶이나 이웃들의 삶이 아마 거기서 거기지 싶다. 그런데도 뉴스를 접해보면 나와는 전혀 다른 삶을 사는 사람이 많고도 많다. 아무리 다른 삶을 살기로 서니 하루 세끼 먹고 입고 자는 게 뭐 그리 크게 다르랴 싶다.

나는
다시 태어나도

　TV를 켰다. 때마침 미국 LA다저스와 워싱턴팀의 프로야구 게임이 막 시작되고 있었다. 미국시각으로 오후 1시 경기다. 자막에 류현진 선수의 5승 도전이라고 떴다. 이기면 5승. NLB 최다승이다. 관심이 가지 않을 수 없는 큰 경기다.

　경기 시작 전 어머니날을 기념하는 이벤트가 펼쳐졌다. 미국은 어머니날과 아버지날이 따로 있어 5월 둘째 주 일요일이 어머니날로 그날이었다. 시구는 선수들의 어머니 되시는 분 4명이 하는데 그중 류현진 선수의 어머니도 있었다. 한국인 어머니가 미국 어머니날 시구에 참여한다는 건 큰 영광이다. 어머니기 공을 던지고 아버지가 공을 받았다. 그런데 이게 웬일인가. 류현진 선수의 어머니가 스트라이크존에 던지는 깜짝 놀랄 일이 펼쳐졌다. 어머니를 닮아 류현진이 공을 잘 던지는 것일까?

　지난 5월 8일 우리나라의 어버이날엔 류현진 선수 어머니 생신 날이었는데 완봉승으로 4승을 했다. 이보다 큰 효자선물이 또 있을까만 미국서 맞는 어머니날도 좋은 성적을 내주길 기대가 된다.

어린이날, 어버이날, 스승의 날, 부부의 날이 있는 5월은 가정의 달이다. 가정은 모든 개인이 속한 기본단위다. 가정들이 모여 사회가 되고 사회가 모여 국가를 이룬다. 옛 격언에 가화만사성이라는 말도 있듯 가정이 편안해야 만사가 편안한 법이다. 우리 몸도 작은 세포 하나하나가 중요하듯 가정도 얼마나 소중한가.

경기중계 도중 캐스터가 메이저리그에서 뛰는 한국선수를 소개하면서 "나는 다시 태어나도 어머니의 아들로 태어나겠습니다."라는 어머니날을 맞이한 최지만 선수의 인터뷰 광경을 보여줘 감동케 했다.

사실 류현진은 공에 위력이 있거나 구속이 빠르지는 않다. 투심 패스트볼 변화구 등 다양한 로케이션으로 타자를 현혹시킨다. 손이 안으로 굽지만 어떤 때는 어떤 구질, 어떤 볼 배합으로 어떤 제구로 대응하느냐가 관건이다. 힘보다도 영리한 두뇌 싸움이라고 할 수 있다.

ERA리그 전체 2위인 낙차 큰 커브는 일품이다. 흔히 말하는 투수가 타자를 가지고 논다는 말처럼 류현진의 투구는 완급조절을 아주 잘 믹스시키는 유연한 볼 배합으로 놀라운 피칭을 선보이는 것이다. 수시로 자신을 변화시켜 타자들을 혼란스럽게 하는 그는 꼭 카멜레온 같다.

아무리 투수 혼자서 잘 던진다고 승리할 수는 없다. 동료 타자들의 힘이 보태지지 않으면 승리는 불가능하다. 작 피더슨의 펜스 앞에서의 캡처, 시거의 만루 홈런, 안타성 타구를 1루로 던져 아웃 시켰던 캘린저의 믿을 수 없을 만큼의 대단한 수비도움. 결국, 8회에 6-0 상황에서 4만800명 관중의 박수갈채를 받으며 마운드를 내려왔다.

곧바로 전하는 미국 스포츠 소식들은 류현진의 명품 피칭은 미국 전역을 흥분시켰다. LA 타임스는 "류현진의 투구는 전국적으로 관심을 모았다. 더는 저평가된 에이스가 아니다"라며 "스스로 내셔널리그 사이영상 후보로 올라섰다"고 극찬했다. FOX스포츠는 "아무도 류현진을 건드릴 수 없었다"고 평가했고, CBS스포츠는 "류현진이 믿기 어려운 시즌을 보내고 있다"고 혀를 내둘렀다. '한국 괴물' 류현진에게 쏟아지는 전 세계의 찬사를 받으며 1안타 무실점으로 막았다. 공 116개를 던진 류현진은 속구(포심 패스트볼+투심 패스트볼) 44개, 컷 패스트볼 27개, 체인지업 33개, 커브 11개, 슬라이더 1개로 배합했다"고 전했다. '한국 괴물' 단 네 글자에 류현진을 향한 미국 현지의 경외심이 담겨 있다.

대한의 아들 류현진의 경기는 아침산책 못지않게 나를 상쾌하게 했다. 그리고 또 한 사람 대한의 아들. 최지만이 말한 '나는 다시 태어나도 어머니의 아들…'이라는 말이 머리에 깊이 박힌다.

맹물로
가는 차

1

학창시절 과학시간을 유독 좋아했다. 물로 에너지를 생산할 수 있는가에 대한 관심이 컸다. 물은 Water, H2O 이다. 물을 전기로 분해하면 수소(H_2)와 산소(O_2)를 얻을 수 있다. 이 수소와 산소를 반응시키면 폭발적으로 반응을 일으켜 커다란 에너지를 얻을 수 있는데, '왜 물을 전기분해해서 수소로 만들지 못하는가' 하는 것이 내게 큰 관심사였다.

얼마 전 중국의 한 자동차 업체가 석유 대신 물만 넣으면 500km까지 달릴 수 있는 자동차를 만들었다고 주장했다. 날보고 '미친놈'이라고 했던 그 꿈을 실현 시켰다. 중국의 사우스차이나 모닝포스트(SCMP)는 지난주 중부 허난성 난양시에 있는 칭녠자동차의 견본 차량이 현지 당서기가 참관한 가운데 첫 주행을 했다고 난양일보를 인용해 보도했다. 그야말로 맹물로 가는 차가 아닌가.

회사의 창업자인 팡칭녠 회장은 300~400ℓ의 물로 300~500km를 주행할 수 있다고 증권시보에 말했다. 알루미늄 합금 분말과 물에 촉매제를 더하면 화학반응이 일어나 수소가 만들어지고, 수소로 전기를 생산해 모터를 가동한다는 것이 그의 설명이다.

이 소식은 중국 소셜미디어에서 큰 화제가 됐지만, 대부분은 회의적인 반응이었다. '물을 기름으로 바꾼다는 사기의 업그레이드인가?'라는 의견도 있었다. 세계의 여러 기업과 개인이 물로 주행하는 자동차를 발명했다고 주장했으나 이들의 다수는 거짓으로 판명났다고 SCMP는 전했다. 관영 신화통신에 따르면 우멍창 국가배터리재료산업기술혁신전략연맹 비서장은 촉매제는 수소 생산 속도나 효율을 높일 수는 있지만, 추가 에너지를 제공할 수는 없다고 말했다.

우리나라에서도 '맹물로 가는 자동차'라는 영화가 70년대 중반에 개봉됐다. 영화 속 주인공은 맹물로 자동차 에너지를 만들겠다는 엉뚱한 환상을 가진 과학자다. 이 영화는 주인공이 수많은 실패를 거듭하지만 결국엔 성공, 모두를 맹물 자동차에 태우고 여행을 떠난다는 줄거리다. 영화 제목은 마치 SF영화의 뉘앙스를 짙게 풍기지만 실제로 이 영화는 통기타, 청바지, 생맥

주 등으로 대변되는 당대의 젊은이들의 생활 풍속도를 그린 청춘 애정 영화였다.

'나의 꿈이 출렁이는 바다 깊은 곳/흑진주 빛을 잃고 숨어 있는 곳/제7광구 검은 진주 제7광구 검은 진주// 중략//두 손 높이 하늘 향해 반겨 맞으리/제7광구 제7광구 제7광구 제7광구 제7광구 제7광구'

때를 같이하여 가수 정난이가 부른 노래 '제7광구'이다. 1976년 박정희 대통령은 연두기자회견에서 폭탄선언을 했다. '영일만 인근에 석유가 매장되어 있다'라고 발표한 것이다. 온 국민은 우리도 이제 산유국이 됐다는 기대감에 들뜨기 시작했다. 제7광구는 1970년 박정희 대통령이 정한 구역이다. 제주도 남쪽과 일본 규슈 서쪽에 위치한 대륙붕으로 그 면적은 8만㎢에 이른다. 박 전 대통령은 그 해 6월 그곳이 한국령임을 공식 선포했다. 이로 인해 외교 분쟁도 있었다. 일본이 자국 영토와 가까운 곳이라며 반발했기 때문이다.

그러나 우여곡절 끝에 1974년 한국과 일본은 각각 50%의 지분으로 공동 개발키로 합의했다. 이후 양국은 1979년부터 1988년까지 7개 공을 시추했지만 기대한 소득을 얻지 못했다. 또 1989년부터 1992년까지 탐사를 했지만 경제성이 없는 것으로 결론을 내렸다. 그럼에도 양국의 노력은 끊어질 듯하면서도 이어졌다. 10년 후인 2001년 공동탐사를 재개해 2004년까지 3~5개의 유망 구조를 확인했다. 그러나 안타깝게도 지금까지 성과를 내지 못하고 있다.

산유국의 꿈은 잠시 접고 지금은 해외 탐사를 통해 또 다른 산유국의 꿈을 꾸고 있지만 정난이의 제7광구에 나오는 검은 진주에 대한 꿈은 과거가 아닌 아직도 현재 진행형으로 꿈을 꾸게 한다.

2

제7광구를 두고 한국과 일본 두 나라가 대륙붕 협정을 맺었다. 2개 협정, 5개 부속 문서로 이루어진 대륙붕 협정의 골자는 제주도 남부 해역 공동개발. 분쟁의 초점이었던 영유권 주장을 서로 덮어둔 채 해저 자원 공동개발에 합의한 것이다. 협정은 '제7광구에서 기름이 솟을 것'이라는 꿈을 안겨주었다.

대륙붕에 대한 관심이 높아진 것은 한 국제기구가 1968년 발표한 보고서 때문. '거대한 유전의 존재 가능성이 크다'는 보고서가 나오자 우리 정부는 제주도 남쪽 8만km²를 제7광구로 정하고 한국령으로 공식 선포했다. 거리상으로는 한국보다 훨씬 가까웠던 일본이 즉각 반발하고 나섰다. '경제 지원을 중단하겠다'는 엄포까지 놓았다.

해당 지역은 지리적으로는 일본에 더 가깝지만 당시 대륙붕 연장론이 우세했던 국제정세에 따라 1970년 5월 한국이 먼저 7광구를 개발해 영유권 선포를 하였으나, 일본의 반대에 부딪혔으며 당시 탐사기술과 자본이 없었던 정부는 1974년 일본과 이곳을 공동으로 개발하자는 한·일 대륙붕 협정을 맺었다. 협정에 따르면 이 지역의 탐사 또는 개발과 관련하여 한·일 양국이 공동 개발한다는 것이다. 즉, 어느 한 쪽이라도 자원탐사 및 채취에 대해 동의하지 않으면 안 된다는 것이다. 이 협정은 1978년 발효되었고, 50년간 유효함에 따라 2028년 만료된다.

2009년 국제연합 대륙붕한계위원회(UN CLCS)에서는 인접국 간 영토분쟁 해결을 위한 기준안 마련을 위해 관련국 51개국에 3년 시한 안에 자국의 대륙붕 관할을 주장할 수 있는 정식보고서를 제출하라고 요구했다. 이는 국제해양법에서 연안국으로부터 200해리까지 배타적 권리를 인정하면서, 예외적으로 육지로부터 바다 쪽으로 이어진 지층구조가 200해리 이후까지 자연적으로 같은 모양을 이루고 있을 경우 대륙붕 한계를 최대 350해리까지 설정할 수 있어 연안국 간 분쟁의 소지가 있기 때문이다. 이에 일본과 중국은 2009년 각각 수백 쪽의 '대륙붕보고서'

를 UN에 제출했으나, 한국 정부는 100여 쪽 분량의 정식문서를 만들어 놓고도 8쪽의 예비보고서만 제출하였다. 이후 2012년 12월 26일 대한민국은 대륙붕 정식보고서를 국제연합 대륙붕 한계위원회(UN CLCS)에 제출하였다. 한ㆍ일 대륙붕협정이 만료되기 전에 대책을 마련해 놓지 못하면 2028년 이후, 국제해양법에 따라 7광구의 대부분은 일본 측에 넘어갈 가능성이 크다.

양국의 대립 속에 1972년 일본이 뜻밖의 제의를 해왔다. 바다의 중간선에서 일본 쪽으로 넘어온 부분에 대해 50%씩의 지분을 갖자는 것. 일본이 태도를 바꾼 이유는 당시까지 해저 영토에 대한 지배적 이론이었던 '자연연장설'로 볼 때 불리하다는 판단에서다.

일본과 우리나라가 분쟁하는 동안 중국이 가만히 있지 않았다. 原油 채굴 중인 동지나海 저류층에 해저 파이프라인을 건설 소유권이 우리에게 있는 대륙붕에서 중국이 원유를 캐간다면 우리는 어떻게 대응해야 할 것인가. 실제로 중국은 우리가 50%의 소유권을 가진 제7광구 바로 옆에서 원유를 뽑아 올리고 있다. 제주도 남쪽 동지나해에는 '제주분지'로 불리는 거대한 퇴적지역이 있는데, 이곳에는 석유가 매장된 저류층(貯流層)이 있을 가능성이 높다. 중국이 7광구 바로 옆에서 원유를 뽑아 올리고 있다면, 원유를 담는 이 저류층은 중국이 소유권을 가진 광구에서부터 7광구 사이에 걸쳐 있을 수도 있다.

  일본은 총리실 산하에 전담 연구소를 설치해 미래에 대비하는 반면 한국은 그나마 있는 부처마저 폐쇄하는 실정이다. 중국과의 대륙붕 협정도 과제다. 서해에서의 탐사 작업이 중국 군함의 위협으로 무산된 적도 있다. 중국과 일본의 공세로부터 수많은 지하자원이 묻혀 있는 해저 영토 대륙붕을 지켜낼 수 있을까. 걱정된다.

하부
하빠

 손녀는 나이배기다. 18년도를 1주일 앞두고 태어났으니 개월로는 18개월이지만 나이는 3살로 억울한 나이다. 같은 나이의 오진살 아이들과 어울리다 보면 늘 처진다. 그럴 때마다 참으로 안타깝지만 어쩌랴. 거꾸로 생각하면 앞으로 좋은 점도 있을 것이니, 훗날 1주일 차로 언니, 누나 소리를 들으면서 살아갈 것이 아니겠는가.

 요즘 그 손녀 재롱떠는 맛에 산다. 엄마 아빠는 일찌감치 배웠지만, 할아버지란 말은 발음이 힘든 모양이다. 글자 수도 4글자지만 받침이 있어 더 그럴 텐데 손녀는 나를 "하부"하며 부른다. "할아버지께 인사"하면 양손을 배꼽에 얹고 허리를 90도로 구부린다. 그러고는 쫓아와 볼에 뽀뽀하고 목에 매달려 찰거머리가 된다. 눈에 넣어도 아프지 않을 내 새끼.

 얼마 전 전직 경찰서장 할아버지가 쓴 '하빠의 육아일기'란 책을 읽었다. 저자는 33년 동안 경찰관으로 재직하며 바쁘게 살

앉던 전직 경찰서장이다. 경찰직에서 퇴직한 뒤 그는 전혀 다른 삶을 살고 있다. 오롯이 손주들을 위한 '하빠'가 된 이야기다. 산문집 '하빠의 육아일기'는 현시대를 살아가는 부모와 은퇴자들에게 신선한 감동을 안겨준 이야기로 7년 전 퇴직한 그는 바쁜 자녀를 대신해 손주들을 돌보기 시작했다. 서툰 솜씨로 기저귀를 갈고 우유를 먹이고 함께 놀아주는 등 자녀들에게 못다 한 사랑을 손주들에게 주었고 이제는 아이들이 가장 좋아하는 '하빠'가 되었다. 어린 손주들과의 소중한 시간을 기억하기 위해 육아일기를 쓴지 3년째. 그는 시간이 지난 뒤에도 손주들이 할아버지가 자신들을 얼마나 사랑했는지 알게 해주고 싶었다고 말한다.

아침이면 손녀가 일어나기만을 기다린다. 가만히 귀를 기울인다. 아기가 깨어나면 천장 쪽에서 소리가 들린다. '콩, 콩, 콩' 아들네는 2층에 살고 나는 아래층이다. 활기찬 손녀는 발걸음 소리도 힘차다. 마치 '하부. 나 일어났어요. 어서 올라오세요.'라고 말해주는 것만 같다. 아무리 보고 싶은 손녀지만, 아들네라 한들 불쑥 식전바람에 들어서는 것도 안 좋다. 마치 손녀가 그걸 알기라도 하는 듯 내게 신호를 보내는 것이라니.

안아주고, 업어주고, 먹여주고, 놀아주고, 씻겨주고. 고 앙증맞게 귀엽고 예쁜 손녀를 위하여 오일장에서 애완용 토끼 한 쌍을 샀다. 토끼를 본 손녀가 얼마나 좋아하는지 밥 먹는 것도 잊고 온종일 토끼와 놀았다. 이보다 더 흐뭇한 일이 있을까만 막상 밤이 되자 걱정거리가 생겼다. 토끼를 아기와 함께 잠을 재울 수 없는 노릇인데 도시 떨어지려 하지를 않았다. 간신히 떼어놓고 손녀는 잠이 들었으나 이젠 토끼가 걱정이다. 내처 라면박스에서 키울 수는 없다.

  토끼장을 지어 주기로 했다. 다음날부터 서툰 솜씨지만 목공이 되어 뚝딱거렸다. 자재가 준비된 것도 아니고 합판이며 각개목, 철망 등 이것저것 재활용품을 주워 모은 것들이다. 난생처음 해보는 목공 일은 얕잡아볼 일이 아니었다. 30도를 웃도는 뙤약볕 아래서 못에 찔리고, 망치에 손가락을 얻어맞아 멍이 시퍼렇게 들어가면서도 마냥 행복했다. 여러 번의 시행착오를 거친 끝에 드디어 5일간의 공사과정을 마치고 토끼장이 완성되었다. 외형이 썩 마음에 들지는 않았으나 나름 흡족했다.

  아들 때는 손수 기저귀 한번 갈아주지 못하고 키웠다. 사업이 한창 일어나는 시기, 바쁘다는 핑계였을까. 보수적이고 가부장적 기치가 있었던 건 아닐까. 아무튼, 그땐 대다수 남편이 그랬던 것 같다. 그러던 내가 아기 똥은 똥도 달다고 하니…….

아름다운 동거

손녀를 위하여 토끼장을 지어주긴 했는데 달랑 한 쌍만 넣었더니 토끼장이 너무 썰렁했다. 하긴 3층으로 지었으니 크긴 컸다. 궁리 끝에 닭을 함께 기르기로 하고 장날 병아리로 토종 장닭, 청계, 백봉오골계를 사다 넣었다. 곧 자리싸움이 벌어질 줄 알았는데 내 걱정과는 반대로 아무 상황도 벌어지지 않았다. 먹이를 던져주면 토끼와 닭이 우르르 몰려들어 함께 먹는다. 전혀 다른 종족인데 어쩜 저렇게 사이가 좋을 수 있을까 오히려 의아스럽기만 했다.

덕진공원 인근에 있는 사육장에/토끼와 닭이 살고 있다.//하늘을 자유로이 날아가는 바람 속에/토끼는 한가로이 풀을 뜯고/닭은 그늘에서 깃털 고르기가 한창이다.//토끼와 닭은 먹이를 다투지 않고/잠자리를 다투지 않고/한 점 우분투의 동심이/야광주처럼 밝게 빛나며//평화롭게 살고 있다.//

최기완이 쓴 동시로 토끼와 닭이 사이좋게 살고 있는 모습을 그대로 담아놓았다.

짐승은 야수의 그 본성은 죽일 수도 없고 또 짐승은 애정도 특이하다. 타 종과도 애정은 사람이 이해할 수 없을 정도이다. 고양이와 오리, 개와 닭, 토끼와 살쾡이, 포범과 임팔라, 사자와 멧돼지새끼, 등등 헤아릴 수 없이 많다. 그러나 야성은 아무리 같은 종이라도 보고 만나면 나중에 어찌 될지 몰라 완전 제거한다.

사자는 아무리 자기가 거느린 암사자의 새끼라도 자기 새끼가 확실하지 않으면 전원 몰살시킨다. 한 마리도 살려 두지 않는다. 그리고 자기의 영역 안에서는 더더욱 그렇다. 그렇다면 종이 다르면 어찌 될까 들짐승들은 타 종이라면 자기의 배를 채우기 위해서 잡아먹는다. 남은 것은 후일로 기약하여 남겨 둔다. 사람들에 의해서 영향을 받은 짐승들은 탐욕이 극하여 보는 족족 싹쓸이 다 죽인다.?

달 속의 계수나무 아래서 방아를 찧는다는 토끼와 아침마다 잠을 깨워준다는 부지런한 닭은 전혀 어울릴 것 같지 않으면서도 궁합이 잘 맞는 관계인가보다. 꿩과에 속하는 닭은 사람과 함께 한지가 3~4천 년이 되고, 우리나라는 삼국시대 이전부터 키우기 시작했으며 달걀과 고기를 얻고자 길러졌다. 또한, 초식동물인 토끼는 맹장에서 주로 소화를 시키는 대장소화동물로 토끼의 맹장은 우리의 위장에 10배가 넘게 길며 소화 기관의 40%를 맹장에서 소화시킨다.

　토끼는 자신이 눈 똥을 다시 주워 먹는다. 단단한 똥과 묽은 똥, 두 가지 똥을 누는데 묽은 똥을 먹는 이유는 대장에서 흡수하지 못한 양분을 또다시 먹는다는 것이다. 그런데 이들은 대체 태어나서 몇 년을 살까. 생쥐의 수명이 3년인데 비해 토끼의 수명은 13년, 닭은 30년을 산다고 한다.

　맞는 말인지는 모르겠으나 옛 어른들은 닭을 키우다 보면 죽는 경우가 종종 있는데 토끼와 함께 키우면 병에 걸리지 않는다고 하셨다. 말씀인즉슨 토끼의 오줌이 닭의 질병예방에 효과가 있다는 것이다. 해마다 반복되는 AI라던가? 고병원성 조류인플루엔자까지 토끼 오줌이 물리칠 수 있을는지 지켜볼 일이다.

　마땅 곳이 없어 마당에 토끼장을 설치했으나 너무 비좁거니와 냄새 때문에 토끼와 닭을 기르는 장소로는 적절치 못하다는 판단이 섰다. 손녀는 마냥 좋아했으나 이웃을 봐서라도 욕심이다 싶어 농장으로 이주시키기로 했다. 토끼와 닭이 한데 어울려 사는 진풍경. 농장은 집에서 차로 10분 거리이긴 하지만 매일 손녀를 데리고 토끼와 닭이 있는 농장으로 가야 하는 번거로운 수고는 감내해야만 한다. 토끼와 닭이 함께 어울려 사는 농원의 풍경이 참으로 아름다우리라.

숨바
꼭질

    오늘 오후엔 탈출한 토끼를 쫓아다니느라 땀 꽤나 흘렸다. 한 발짝을 쫓아가면 한 발짝 도망가고, 두 발짝을 쫓아가면 그 거리만큼 깡충깡충 달아나니 여간 약이 오르는 게 아니었다. 고구마 덩굴로 숨으면 도시 찾을 길이 없다. 가만히 기다리다 보면 고구마 싹이 흔들린다. 토끼는 그곳에 숨어서 여유롭게 고구마 잎을 먹고 있었다. 간신히 고구마밭에서 몰아내면 이번엔 고추밭으로 달아난다. 고추밭은 고구마밭과는 달리 이랑이 훤히 트여 찾기가 쉽다. 그렇지만, 눈앞에 두고도 잡기 힘든 것은 고추가 넘어지지 않도록 말뚝을 박고 끈을 매어 놓았으니 내 다리 길이로는 이랑을 넘을 수가 없었다. 결국 토끼장에 잡아넣지 못하고 숨바꼭질만 하다가 날이 저물고 말았다.

    며칠 동안 지속하던 장맛비가 그치고 맑고 푸르던 하늘을 드러내더니 밤엔 맑은 밤하늘에 반달이 떠올랐다. 누구나 한 번쯤 엄마나 언니 동생, 혹은 친구와 손바닥을 맞부딪치며 불렀

을 노래. '푸른 하늘 은하수 하얀 쪽배엔/계수나무 한 나무 토끼 한 마리~'

달에는 계수나무가 있고 방아를 찧는 토끼가 있다는 상상은 오래전부터 있었다. 지구에서 보면 언제 어디서 달을 봐도 계수나무와 방아 찧는 토끼가 보이니 이런 동요가 나왔으리라.

1969년도쯤인가? 암스트롱이 우주선 아폴로 11호를 타고 최초로 달 탐사를 하면서 달에는 토끼도 계수나무도 없었음이 밝혀졌으니 이 아름다운 노래도 아이들에게 꿈을 주지 못하게 되었다. 사실은 1957년에 세계최초로 인공위성을 발사한 것은 소련의 '스푸트니크1호였고, 그 후 1961년에 유리 가가린이 유인 우주비행에 성공했었다. 달 착륙에 성공하면서 미국의 암스트롱이 한 '한사람에겐 작은 발걸음이겠지만 인류에겐 위대한 도약'이라는 말이 생각난다.

1972년에 달 탐사를 중단했던 미국. 그런데 지난 5월에 트럼프대통령은 '나사의 위대함을 되찾고 달에 되돌아가려고 한다.'며 내년 NASA에 16억 달러(한화 1조 9천억 원)예산증액을 요청했다. 이것은 달에 다시 돌아간다는 의미보다는 중국에 밀리지 않고 달 탐사의 주도권을 탈환하기 위한 의지라 할 수 있다. 우주개발의 후발주자인 중국이 갑자기 군사 열병식에서 탱크가 수 센티미터의 간격을 유지하면서 운행하는 것을 보고 깜짝 놀란 트럼프 대통령이 내린 결정이었다.

　탱크가 종과 횡을 맞춰 일정간격으로 운행하였던 것은 베이더우(北斗)라는 GPS를 이용하였던 것이었는데, 중국은 GPS를 자체개발 운용하기 시작했고, 이는 바로 위성을 활용한 것이었다. 중국은 전 세계의 움직임을 위성을 통하여 꿰뚫어 봄으로서 군사적 우의를 증명하는 것이기도 했다. 트럼프대통령이 놀랐고 긴장할 수밖에 없었을 것이다.

　또한 달에는 놀라운 광물자원이 묻혀 있다. 광물 중엔 헬륨3, 희토류, 우라늄 등이 매장되어 있다. 이 가운데 지구에는 거의 없는 헬륨3가 다량 묻혀 있다. 1톤당 약 6조원의 가치를 지닌 헬륨3가 100만 톤이나 된다. 이걸로 지구에너지 수요로 최소 200년 동안 충족할 수 있는 양이다. 처음에 달에 대한 발견, 개발 쪽이었으나 이제는 상업화이고 또 관광사업인데 2023년에 달 여행 최초 민간인 승객으로 일본의 억만장자 '마에자와 유사쿠'가 신청해 이슈가 되었으니 앞으로는 우주여행사업이 번성할 시대가 올 것 같다.

　달을 선점하기 위한 경쟁은 무엇보다도 각국의 군사적 기술로 현대전에서 승패를 결정짓는 위성 정찰능력 때문이다. 로켓기술과 미사일기술은 밀접하여 별 차이가 없다. 우주에 보내놓은 위성으로 먼저 차지할 수 있다는 이점. 뛰어난 우주기술을 가진 자가 세계 패권전쟁에 승리할 것이라는 것은 뻔한 사실이다. 계수나무도 토끼도 아닌 엄청난 광물이 묻혀 있는 달과 우주의 정복자가 세계패권자가 된다.

총칼 없는
전쟁

　5일간의 여름휴가를 앞두고 여느 날보다 일찍인 새벽 5시에 농장으로 향했다. 토끼장을 탈출한 토끼를 찾기 위해서다. 저녁 늦게까지 쫓아다니며 숨바꼭질만 하다가 포기했었다. 탈출한 토끼는 멀리 도망가지 않는다. 농장의 고구마 싹과 콩밭 골, 호박 덩굴과 농장 옆 덤불 속을 오가는데 손에 잡힐 듯 말 듯, 한 발짝을 다가가면 한 발짝만큼 도망가고 내가 걸음을 멈추면 토끼도 그만큼의 거리에서 선다.

　끝내 탈출한 토끼를 우리 안으로 몰아넣지 못하고 돌아섰다. 대신 남아있는 토끼와 닭을 위해 사료와 물을 충분히 주고 큰형님 댁에 들러 자주 돌봐 달라고 당부했다. 집에 돌아와서도 바빴다. 분에서 키우는 상추와 화단에 물을 듬뿍 뿌려 주고 새 모이를 넉넉하게 주었다. 누렁이는 우리가 휴가를 떠날 것이라는 걸 아는 듯 계속 징징댔다. 살아있는 생물들을 남겨두고 집을 한번 비운다는 게 보통 일이 아니라는 걸 새삼 깨닫는다.

이번 여름휴가는 남해의 백야도다. 임진왜란 당시 난을 피하기 위하여 창원황씨가 최초로 섬에 들어와 살게 된 백야리인데, 이 지명은 마을 뒷산 산봉우리가 연꽃 봉우리처럼 보이고 돌들이 모두 하얀색을 띠고 있어 일명 흰섬으로 부른 데서 유래했다. 멀리서 섬을 바라보면 범이 새끼를 품는 것 같다고 하여 백호섬으로도 불렸다. 옥정산은 일명 백화봉(白花峰)인데 백야봉(白也峰)으로 불린다. 이순신 장군의 난중일기에는 감목관(監牧官), 백야곶으로 기록돼 있다. 감목관이란 백야도가 말을 길렀던 곳이고 이를 관리는 목관이 있었으며 조정에서는 감목관을 파견했던 곳이다.

예로부터 전쟁을 지휘하는 전략적 요충지에서는 늘 병영에 목장을 설치하곤 했었다. 부산 영도등대, 울산 울기등대도 그런 경우이다. 특히 난중일기에서는 화양면 장수리 봉아산과 화정면 백야산을 같은 지역으로 바라봤다는 것을 의미하기도 한다. 이순신 장군이 사랑했던 섬, 백야도. 이순신 하면 임진왜란이 떠오른다.

일본 아베 신조 정권의 한국 수출규제 강화 이후 한일 갈등이 전례 없이 악화하는 모습이다. 수입규제조치면 몰라도 수출규제 조치라니. 이해하기가 좀 어려운 부분으로 이웃 일본이야말로 우방국인지 적국인지 모르겠다.

일본총리 아베 신조. 그는 누구인가? 조선의 마지막 총독인 아베 노부유키의 손자가 바로 현재 일본총리 아베 신조다. 아베 신조의 외조부는 2차 세계대전의 전범인 기시 노부스키이니 아베 총리의 가문은 한마디로 '침략의 가문'이 아닌가. 아베 총리의 할아버지 아베 노부유키는 총독부에서 마지막 항복문서에 서명하고 떠나면서 "우리는 패했지만 조선이 승리한 것이 아니다."라고 말하면서 "나 아베 노부유키는 다시 돌아온다."는 소름끼치는 말을 남겼었다.

강제징용, 징병, 여성정신대 근무령을 발부하고 불응하면 총동원법에 의해 징역형에 처했던 악질이었다. 이런 할아버지의 피를 이어받은 아베 총리다. 그의 할아버지가 자행한 일제강점기 강제징용 대법원판결을 가만히 받아들이겠는가? 아베는 즉각 한국에 대한 화이트리스트(백색국가) 제외를 단행하고야 말았다. 이에 한국에서는 반일감정이 거세지면서 일본 제품불매, 여행자제 운동도 커지고 있다. 무엇보다도 한국의 소재, 부품, 장비산업은 외적인 면에서는 상당한 성장을 이룩했지만, 기술력이나 해외 점유율 등에서는 여전히 일본에 못 미치는 상황이다. 내가 운영하는 출판사에는 인쇄기, 재단기, 출력기, 제본기, 복사기 등 9개 기계 중 7개가 일본제품이니 걱정이 이만저만 아니다.

"전하, 신에게는 아직 12척의 배가 남아 있사옵니다." 혼란의 시기를 겪은 대한민국 국민이라면 마땅히 이순신 장군의 뛰어난 리더십과 용기를 기억한다. 이순신이 그리운 날이다.

전화
위복

 농장에 사달이 났다. 이를 어찌하랴. 멧돼지의 출현은 그야말로 농장을 쑥대밭으로 만들고야 말았다. 밭 가장자리에 쳐놓은 노루망은 무용지물이었다. 딴에는 촘촘히 말뚝을 박고 철사로 동여매 완벽하다고 생각했는데, 보란 듯이 뚫고 들어온 멧돼지는 온 밭을 말 그대로 짓뭉개버렸다. 대를 부러뜨려 옥수수를 따 먹었고, 한쪽에 보관해둔 감자 자루를 이빨로 찢어내 먹었는가 하면 고춧대를 깡그리 쓰러트렸다.
 이제 막 뿌려 싹이 트는 무며 김장 배추는 물론이고 쪽파, 갓, 서리태, 고들빼기까지 성한 게 없다. 어지럽게 찍힌 발자국은 어미돼지가 새끼를 데리고 총출동했나 보다. 그야말로 쑥대밭을 만들었다는 표현 그대로다. 어쩜 이토록 처참하게 짓밟을 수가 있을까? 작년에 음성군이 수렵지역이라서 음성군에 멧돼지 개체 수가 급속히 저하되어 멧돼지의 농작물 피해는 없을 거라는 내 예상을 뒤엎은 일이다. 사실 멧돼지보다는 들고양이와 족제비를 걱정했었다.

그렇잖아도 멧돼지, 들고양이, 족제비, 고라니가 염려되어 누렁이를 농장에 갖다 놓을까 싶었지만, 임신 중이라 새끼나 낳은 뒤에 보내야겠다고 미루던 중 터진 일이다. 누렁이야말로 이들 유해 동물들을 퇴치하는데 가장 효율성 있는 숙적동물이다. 멧돼지는 몰라도 들고양이, 족제비, 고라니는 개의 똥 냄새만 맡아도 도망가는 처지이니 내일부터는 누렁이가 용변을 농장에서 보도록 해야겠다.

우리나라는 중국, 러시아, 일본 등 열강들과 이웃하고 있는 나라다. 적은 멀리 있는 것이 아니라 가까이 있다고 했던가? 일본이 한국에 대해 수출규제를 선언했고, 중국과 러시아 공군기들이 한국방공식별구역(KADIZ·카디즈)을 수차례 반복적으로 넘어왔으며, 러시아 공군기 1대는 독도 영공까지 침범했다고 한다.

해당 군용기들의 기동 행태로 봤을 때, 노골적으로 우리 바다를 침범한 것이다. 러시아 군용기의 영공 침범은 처음이지만 러시아 군용기가 독도 영공까지 침범한 것은 중대한 주권 침해가 아닐 수 없다. 양국 공군기의 이 같은 기동은 우리의 하늘과 바다를 침범한 것이라는 분석이 나온다. 우리 군도 F-15K와 KF-16 등 전투기를 출격시켜 차단 기동과 함께 러시아 군용기를 향해 경고사격을 가했었다. 방공식별구역(KADIZ)은 사전 식별되지 않은 항공기를 조기에 파악해 영공 침범을 방지하기 위해 설정한 경계로, 영공과는 다른 개념이다. 통상적으로 상대국의 KADIZ에 진입할 때 사전 통보하는 것이 국제관례다.

일본이 한국에 대해 수출규제를 선언한지 한 달 만에 단 1건 수출을 허가했던 첨단 반도체 공정용 포토레지스트를 국내 기업이 삼성전자, SK하이닉스 등과 공동 연구를 진행하자 일본 아사히신문이 아베 총리가 과거 문제를 반성해야 한일 관계가 회복될 거라고 지적을 했다. 하지만 그럴 기미는 현재 보이지 않고, 우리는 우리 할 일을 해야 할 때다. 연구개발, 국산화, 기술독립 이런 것들이 우선 중요하다. 처음 공격 대상이 됐던 그리고 지금도 수입이 안 되고 있는 3개 품목 국산화는 어떻게 되고 있을까. 수십만 번 접었다 펴도 끄떡없는 폴더블 디스플레이. 이걸 가능하게 하는 소재가 폴리이미드다.

2000년대 중반부터 개발을 시작했던 우리의 한 대기업은 이미 일본산에 뒤지지 않는 품질을 확보하고 양산 체제도 구축했다. 국산 대체는 시간문제란다. 100% 대한민국 기업이 만든 미래 지향적 소재인데, 품질 면에서는 동일하다고 기업은 자신하고 있다. 전화위복이다. 열강들이 그럴수록 우리는 우리 스스로의 힘으로 난국을 헤쳐나가야 한다. 미국도 못 믿는다. 일본과 우리가 마찰하자 미국은 중재는커녕 슬쩍 꼬리를 내리고 지켜만 보고 있다. 오히려 방위비 운운할 뿐이다.

촌철
살인

일본 정부가 한국을 화이트리스트(수출절차 우대국)에서 배제하는 조치를 시행하며 도쿄 총리관저 앞에서 시민들이 "노(NO) 아베"등의 문구가 적힌 피켓과 현수막을 들고 항의시위를 했다. 한·일 갈등이 심화하는 가운데 일본에서 혐한(嫌韓)을 부추기는 보도들이 두드러지고 있다.

이런 경향은 극우 인터넷 매체를 넘어 공중파나 주요 일간지에게까지 퍼지고 있다. "한국을 '악인'으로 하는 감정적인 해석 보도를 그만두라"는 일본 시민들의 목소리가 나오는 것이다.

한편, 일본 마이니치신문은 며칠 전 '나카하타 만노 센류(仲畑流万能川柳)'난에 "태풍도 일본 탓이라고 말할 것 같은 한국"이라는 센류(5·7·5의 17음으로 된 짧은 시)를 최우수작으로 소개했다. 이 난은 독자가 보내오는 센류를 매일 선별해 소개한다.

마이니치신문에는 '혐한'을 부채질하는 내용의 센류를, 그것도 '최우수작'으로 소개한 데 대한 항의가 잇따른 것으로 알려졌다. 그러자 마이니치신문은 인터넷 홈페이지를 통해 "혐한을 부추길 의도는 없었지만 '혐한을 부추긴다'라고 받아들이는 분이 있다는 것에 대해선 진지하게 받아들이고 있다"면서 관련 기사를 삭제했다고 밝혔다.

센류. 일본에서 에도시대[江戶時代:1603~1867] 중기 이후 에도(지금의 도쿄)를 중심으로 유행한 5·7·5조의 17음 정형시다. 하이카이[俳諧]가 통속화하여 생겨난 마에쿠즈케[前句付:7·7음에 대해 5·7·5음을 붙여서 하나의 노래로 만들어 연결할 때의 착상의 묘미를 즐기는 일종의 언어유희]가 연결의 묘미보다 한 구 자체의 기발함을 추구하여 독립한 것이다. 인생의 한 단면을 직관적으로 파악하여 예리하게 찌르는 풍속시이자 생활시라 할 수 있다.

센류라는 명칭은 가라이 센류[柄井川柳]라는 작가가 이러한 풍조의 구를 전문적으로 다룬 데서 유래되었다. 하이쿠[俳句]와는 달리 기고[季語:계절을 상징하는 말]나 기레지[切字:구의 단락에 쓰여 운율을 맞추는 조사, 조동사] 같은 약속이 없고 인간의 삶 전반을 소재로 하며, 주로 구어를 사용한 간결함·해학성·기지·풍자·기발함이 특징적이다. 작자는 무명의 일반 서민으로, 문학사나 서민 언어의 자료로서도 귀중하다.

일본에 센류와 하이쿠가 있다면 우리나라에는 단장시조(單

章時調)가 있다. 1979년에 조선일보와 한국일보, 두 신문의 신춘문예 당선의 영광을 한 손에 거머쥐었고 1987년에는 중앙일보 시조대상까지 수상한 바 있는 허일 시조시인은 촌철살인(寸鐵殺人)의 단장시조, 일도류(一刀流)의 하이쿠를! 이라고 말하고 있다.

그는 일찍이 노산 이은상 스승께서 양장시조와 단장시조의 효시를 보인 바 있고, 대학에서 일본문학을 강의하면서 와까(5.7.5.7.7)에서 초구(5.7.5)만으로 하이쿠라 이름하여, 산뜻한 사생주의 작풍으로 세계에서 가장 짧고 명쾌한 시로 이른바 그 하이쿠가 널리 사랑받는 엄연한 현실을 보았다고 하였다.

이에 비하건대 우리 시조의 종장(3.5,4.3)으로 빚는 단장시조야말로 정서적 그 시성에 있어 일본의 하이쿠나 센류를 월등 능가함에 어엿한 긍지를 느껴온바, 흔히 하이쿠야말로 정형률이 절대불변으로 알고들 있으나, 마쓰오 바쇼의 <파초>는 (8.7.5)로서 이를 지아마리라 하여 글자의 초과를 용인하고 있음은 우리 시조의 종장도 (3.8.4.4)를 허용하고 있음과 같다.

앞으로 한 층 더 품과 격을 아우른 우리 단장시조가 널리 애송되고 즐겨 지어짐으로써 세계인의 이목이 집중될 날이 있음을 믿어 이에 과감히 고고의 성을 울린다. 단장시조를 지도하는 나로서는 관심이 가지 않을 수 없는 일이다. 이에, 일본 마이니치신문의 센류시 "태풍도 일본 탓이라고 말할 것 같은 한국"에 대해 나는 '대나무가 등나무에게'란 제목을 달고 "뒤틀린 너의 성품을 탓한들 무엇하랴"고 和答詩로 쓴다.

이웃집
강적들

독도 상공에서 한국, 중국, 러시아, 일본 공군기 30여 대가 뒤얽혔다. 3시간 동안이나 일촉즉발의 대치 상황이 벌어졌다. 우리 영토에서 열강들끼리 세력 다툼을 벌였다. 청일, 러일 전쟁이 터졌던 구한말 때 일이다.

지난번 러시아 군용기가 독도 영토를 두 차례나 침범했다. 한국방공식별구역(KADIZ)에 사전 통보 없이 진입해 우리 전투기가 차단 기동에 나섰는데도 보란 듯이 영공까지 침범했고, 경고사격을 받고 한 번 빠져나갔다가 20분 뒤 다시 영공에 들어왔다. 러시아 국방부는 독도 영공 침범을 부인하면서 우리 군의 경고 사격을 '공중 난동'이라고 했다. 홍콩 언론은 중국 군사 전문가의 말을 인용해 이번 사건이 한국에 "미, 중 분쟁에서 미국 편을 들지 말라"고 경고한 것이라고 보도했다.

중, 러가 손발을 맞춘 계획된 도발이 아니겠는가. 다른 나라 주권침해를 장난삼아 저질러 놓고도 영공을 침범하지 않았다고 우기기까지 했다. 대한민국이라는 나라를 대놓고 조롱한 것이다. 청일. 러일 전쟁이 터졌던 구한말 때와 등장하는 국가까지 똑같다. '나의 적은 나의 친구고, 나의 적의 친구는 나의 적이라는 말도 다 믿기지 않는다.' 그렇게 믿고 있던 우리의 혈맹인 우방 미국이 "중, 러의 영공 침범에 대한 한국과 일본의 대응을 지지한다"면서도 어느 나라 영공인지 밝히지 않은 것도 우리로선 개운치 않다.

어제는 농장에 닭 6마리가 난도 당하는 수난의 날이었다. 이곳저곳 닭털이 난무한데 뼈며 살점은 전혀 보이지 않는다. 딴에는 고양이 짓이거니 추측을 해 보지만 그도 확실치가 않다. 누구 짓일까. 아무리 샅샅이 둘러봐도 비가 내린 탓인가 발자국을 발견할 수가 없다. 고양이는 그 자리서 사체를 먹어치운다. 사체가 보이지 않는다는 것은 물고 갔다는 얘기인데, 그렇다면 살쾡이나 족제비가 아닐까 싶다. 이들 침입자를 막고자 그동안 많은 노력을 기울여 왔다. 뱀과 고양이, 족제비, 멧돼지가 싫어하는 꽃으로 봉선화, 당귀, 메리골드를 심음으로써 운치 있는 농장 가꾸기와 친환경차원에서 일거이득의 효과를 올렸다.

농장에서 500미터 거리에 외딴집이 있다. 마침 그 집에 발바리 두 마리가 있는데 종종 농장에 와서 놀고 있으므로 그동안 안심했었다. 고양이와 개는 앙숙이다. 족제비며 멧돼지 또한 개와

서로 상종 않는 극과 극의 천적관계이니 토끼며 닭을 보호해주는 고마운 개들이다.

농장 앞으로 청주 충주 간 자동차 전용도로 신설공사가 한창이다. 포크레인과 불도저, 덤프트럭 등 중장비가 연실 땅을 파고 밀고 메꾸는 작업으로 북적댄다. 이 공사가 완공되면 음성서 50분 거리의 청주를 30분이면 갈 수 있다니 20분이나 단축되는 획기적인 공사이다.

농장의 참사를 바라보며 쓰린 마음을 달래고 있는 내게 공사장에서 일하던 포크레인 기사가 다가와 하는 말 "어제 발바리 두 마리가 닭을 심하게 쫓던 것 같던데 아무 일도 없었습니까?" 이런 황당한 일이 있을까. 강아지들이 농장을 지켜주어 참 고맙게 생각하고 있었는데, 고양이도 살쾡이도 족제비도 아닌 발발이 들이었다니……. 그렇게 믿고 신뢰했던 발발이들에게 당한 배신의 충격은 너무 컸다.

한반도정세의 운전대를 잡고 한·미·일과 북. 중·러가 대치하는 낡은 냉전 구도를 무너뜨리겠다고 대통령은 말했었다. 우리를 뿌듯하게 한 이 말의 성찬이 주변 국가들엔 한·미·일 체제 이탈 선언으로 받아들여졌을까? 중·러로 하여금 독도를 둘러싼 한·일 갈등이라는 급소를 치고 들어오게 한 것일지도 모른다. 대통령은 "일본의 경제보복에 당당하게 대응해야 한다"고 말했는데 중·러의 영공 침해에 대해선 단 한마디 말이 없었다. 안 하는 것인가? 못 하는 것인가? 나는 왜 닭 6마리를 잃고도 외딴집 발발이 주인에게 이렇다저렇다 한마디 못하고 있을까?

나는 사람에게
충성하지 않는다

　드디어 두 달간의 임신기간을 거쳐 누렁이가 새끼 두 마리를 낳았다. 수컷은 애비를 닮아 하얀 색깔이고 암컷은 어미를 닮아 누렁이다. 개들은 지아비의 털색을 이어받는다. 이번에도 역시 혈통서가 있는 진돗개 씨를 받았으니 오리지널 좋은 품종의 진돗개임이 틀림없을 것이다. 며느리는 강아지들에게 각각 '하미와 까미'란 예쁜 이름을 지어주었다. 우리 가족 모두가 기뻐하였지만, 특히 세 살배기 손녀가 가장 좋아한다.

　지난번 농장을 사단 냈던 멧돼지 들고양이, 족제비, 고라니는 개의 똥 냄새만 맡아도 도망가는 처지이니 이들 진돗개를 농장에 데려다 놓을 작정이다. 다만, 걱정이 되는 것은 우리 진돗개들이 토끼와 닭을 해치지 않을까 두렵다. 개와는 토끼나 닭이 어울릴 수 없는 관계의 동물들이다. 자칫 빈대 몇 마리 잡으려다 초가삼간 태우는 격이 아닐까 염려되기도 하다.

　요즘 주말이면 서울에서는 대규모 집회로 매우 어수선하다.

지난주에는 조국 정국이 '두 개의 광장'을 열었다. 서초동에 모인 이들은 검찰개혁과 조국 법무부장관 지지를, 광화문으로 간 이들은 조 장관 사퇴와 문재인정부 반대를 외친다. 두 쪽으로 갈라진 것처럼 보이는 광장. 왜 이렇게 된 것일까?

이들 중간 사이에 칼자루를 쥔 사람이 있다. 윤석열 검찰총장이다. 현재로선 그렇다. 윤석열. 그는 누구인가? 박근혜, 최순실, 정유라, 이재용을 법 앞에 세운 사람. 윤석열을 대통령이 검찰총장에 임명한 사람이라면 조국 또한 법무장관에 내세운 대통령의 사람들이다. 윤석열은 대학 동기생보다 8년 정도 늦게 임용되어 몇 년 전만 하더라도 그가 지검장이 된다는 것은 상상도 못했다. 그런데 지검장에 이어 검찰총장까지 되었다. 검사로서 이룰 것은 다했다. 중요한 사실은 그의 가계다. 그의 부모가 맺고 끊는 것이 분명한 사람이고 논산의 유명한 고집쟁이 명재 윤증의 후손이다. 속칭 뼈대가 있는 집안이다. 윤총장은 국정감사 증인으로 나와 "나는 사람에게 충성하지 않는다"라는 말을 남겼었다.

지금 윤석열은 어떻게든지 조국을 구속시키려 하고 있다. 윤석열이 먼저 조국을 잡아넣지 못하면 조만간 조국이 윤석열이의 옷을 벗길 것이다. 법무부를 장악한 조국이 윤석열에 대한 인사권을 가지고 있기 때문이다. 윤석열은 계속 조국에 대해 도전을 할 것이고 조국은 명령 불복종, 즉 항명을 근거로 윤석열을 가만두지 않을 것이다. 법무부라는 조직 구조를 볼 때, 윤석열이 조국을 구속시키는 상황보다 조국이 윤석열을 해고하는 것이 빠를 수 있다. 그런데 만약 윤석열이 해고당하게 되면 그냥 호락호락 나가지는 않을 것으로 보인다. 騎虎之勢다

또한 서초동과 광화문 사이엔 '사이'가 존재한다. 정권이 교체돼도 해결되지 못한 불평등, 사회가 주목하지 않은 소수자들의 목소리가 두 개의 광장 사이를 비집고 올라온다. "세상이 다시 납작해졌다. 오직 두 갈래만 존재하는 것처럼 쪼개졌지만, 그 사이 어디에도 포함될 수 없는 수많은 섬들이 존재한다"며 모인 이들은 서초동과 광화문 어느 곳에도 그간 자신들이 외쳐온 목소리가 투영되지는 않는 것 같다고 했다. 이들도 각자의 자리에서 깃발을 들고 목소리를 외치고 있다. 이 소수자들의 집회까지 합치면 대한민국은 지금 3개의 집단이 아전 투구를 벌이고 있다.

종자부터가 그 어느 개보다 충성심이 강한 진돗개다. 물론 나를 물지는 않지만 내가 아끼고 사랑하는 터전. 나의 농장. 그곳에서 살고 있는 토끼와 닭과 갖가지 농작물들을 나와 같이 여겨줄 것인지. 이미 야성의 기질이 몸에 밴 어미는 안 된다. 까미와 하미를 새끼 때부터 농장 식구들과 어울리게 하면 곧 같은 가족

으로 알고 사이좋게 지내리라 본다. 그 사납다는 사자도 길들여진다는 데…….

가지치기와
순자르기

아직 수확하려면 멀었지만 올 콩 농사가 풍작이다. 다복하니 가지가 많이 벌었고 꼬투리도 여간 많이 달린 게 아니다. 파종기를 놓쳐 남보다 뒤늦게 심은 터라 포기했었으니 그 기쁨은 배가됐다.

서리태가 풍작을 이룬 것은 다 토끼들 덕분이다. 한창 성장기에 토끼장을 탈출한 토끼들이 온 밭을 쑤시고 다녔고 콩 순을 모조리 잘라먹었었다. 얼마나 속이 상했는지 토끼장에 가뒀고 문단속을 철저히 했는데, 어느 날 형님이 오셔서 하시는 말씀이 "농사일도 해보지 않았으면서 어찌 알고 순지르기를 잘도 했구나"하셨을 때 깜짝 놀랐었다. 사실 콩은 순 지르기를 해야 한다는 것을 나는 모르고 있었다.

보통 7월 초에 한번 8월에 한번, 5가지에서 7가지 정도 생겨 생장이 적극적으로 일어날 때 순을 잘라주어야 잘린 가지에서 순들이 많이 생겨 또 가지를 만들고 그 가지 사이에서 꽃이 피어 열매를 많이 맺도록 해야만 수확량을 늘리고 좋은 품질의 서리태를 생산하는 농업기술이다. 이렇게 순을 잘라 주는 다른 이유 하나는 콩이 넘어지지 않고 자라도록 하는 것이다. 콩이 넘어지고 땅에 닿으면 순이 발생하지 않고 꽃이 피지 않으며 콩잎과 가지만 무성하고 콩이 열리지 않는다. 이런 두 가지 이유로 서리태 순자르기는 콩 농사에서 가장 중요한 일 중 하나인 것이다.

 콩은 단백질이 많아서 고기를 대체할 수 있는 식물자원 중 하나다. 실제로 두부를 만들어 먹음으로써 고기의 식감과 맛을 증명했기 때문에 채식을 하는 사람들에게는 고기 대신 부두를 단백질 공급원으로 식용한다.

 서리태는 말 그대로 서리가 내린 뒤에 수확하는, 작물 중에 가장 늦게 거두어들이는 작물로 껍질은 검은색이고 속은 파란색을 가진 콩이다. 작물의 생육 기간이 길어서 10월경에 서리를 맞은 뒤 11월 중순에나 수확할 수 있으며, 서리를 맞아 가며 자란다고 하여 서리태라는 명칭이 붙여졌다. 다른 잡곡과 함께 밥에 넣거나, 떡을 만들 때 함께 넣는 등 주로 식용으로 쓰인다. 단백질과 식물성 지방질이 매우 풍부하고, 신체의 각종 대사에 반드시 필요한 비타민 B군과 나이아신 성분이 풍부하다.

 서리태는 한국이 원산지다. 한국과 일부 중국에서 콩들의 원산지가 많다. 그중 서리태(속청)는 한국이 원산지인 한국의 대표 곡물이다. 서리태는 질소를 스스로 고정하여 질소비료를 만드는 뿌리혹박테리아가 있어서 콩의 원산지와 뿌리혹박테리아가 있는 곳에서만 서식이 가능한 신기한 식물이다. 유럽에서 콩을 키우려면 우리나라 흙과 콩을 같이 심어야 콩을 키울 수 있다고 한다.

길 하나 사이 이웃에 사과 과수원이 있다. 청주 충주 간 자동차전용도로 건설로 인하여 매입되고 사과나무 3그루만 달랑 남았다. 아무도 돌봐 주는 이 없는 주인 없는 사과나무지만 올해도 영락없이 꽃이 피고 열매도 맺었건만 사과 굵기가 능금만 한 게 형편없다. 가지치기와 접과를 해주지 않은 탓이리라.

물론 가지치기와 순 자르기는 자른다는 것에는 공통점이 있지만 전혀 다른 의미다. 과수나무의 가지치기는 단순히 제거하여 남아있는 다른 가지를 더욱 튼튼히 기르고자 함이요, 콩의 순 자르기는 더 많은 가지를 돋게 하여 많은 가지에 열매를 더 많이 맺게 한다는 것이니, 순을 자르는 것과 가지를 잘라내는 일은 확연히 다른 것이리라.

가지치기와 순자르기의 아이러니한 관계를 보며, 나는 나의 어느 면을 잘라야 할 것인가를 생각해 보는 것이다.

안전하고 효율성 있는 신생에너지

지난달 태풍 하기비스가 일본을 강타했을 때 지지통신과 NHK 등은 후쿠시마현 다무라시(田村市)는 후쿠시마 제1 원자력발전소 사고의 제염 핵폐기물 자루를 보관하던 시내 임시 보관소에 침수 피해가 발생, 일부 핵폐기물 자루들이 강으로 흘러갔다고 보도했다. 보관소에서는 약 2,700개의 핵폐기물 자루가 보관돼 있었다. 강을 따라 500m를 뒤진 끝에 방사능에 오염된 풀과 나무 등으로 채워졌던 핵폐기물 봉지 6개를 회수했다. 자루는 개당 1t에 이르는 것으로 알려졌다. 다무라시는 현장 상황 등을 주시하며 회수 작업을 진행했다. 일본 네티즌들은 "후쿠시마 사고를 완벽히 통제하고 있다는 아베 정부는 대체 뭘 하고 있는 건가"라고 비판했다.

원자력 안전 문제를 주로 다루는 미국의 시민단체 '페어윈즈'도 홈페이지를 통해 '후쿠시마 방사능 경보'(Radiation Alert)를 발령했다. 19호 태풍 '하기비스'가 일본을 강타하면서 방사능에 오염된 토양과 폐기물이 대량 유실됐다는 경고다. 페어윈즈는 경고글에서 "우리는 슈퍼 태풍으로 인한 후쿠시마 방사능 유출 위험을 알렸지만, 불행하게도 최악의 두려움은 사실이 되고 말았다(Unfortunately, our worst fears from Friday are true)"면서 "폭우로 핵폐기물 저장 구역이 무너졌고 이로 인해 방사능 폐기물이 태평양으로 이어진 강으로 흘러가고 말았다"고 지적했다.

페어윈즈는 이 밖에도 후쿠시마 곳곳의 제방이 무너진 사실에도 주목하고 있다. 페어윈즈는 후쿠시마 원전 사고로 방대한 양의 방사성 물질이 하천 바닥과 제방 뒤에 쌓여 있었는데 제방이 터지면서 이미 방사능 오염 물질을 걷어낸 농지나 사람이 많이 거주하는 곳까지 다시 오염시켰을 것이라고 걱정했다.

2011년 후쿠시마 원전 사고로 전 세계에 원자력 발전의 위험에 대한 경각심이 고조됐었다. 사실 원자력 발전은 화석 연료의 무분별한 사용으로 지구온난화가 심화돼 가고 국제유가의 불안정이 지속하는 상황에서 안정적인 에너지 공급이 가능한 가장 현실적인 대안으로 여겨졌다. 그러나 체르노빌과 후쿠시마 사고를 통해 관리를 잘못했을 경우 원자폭탄에 버금가는 불상사가 발생한다는 것을 목격했다. 원자력 발전이야말로 단 한 번의 실수도 용납되지 않는 절대 안전의 영역이다.

이런 가운데 우리나라에서는 최첨단 과학기술을 활용해 적은 에너지로 큰 효율을 낼 수 있는 시스템 개발에 박차를 가하기 시작했는데 그 하나가 핵융합 발전이다. 핵융합 발전은 중수소와 삼중수소가 융합 반응을 일으킬 때 나오는 에너지로 우리가 사용하는 전기를 얻는다. 중수소와 삼중수소가 핵융합 연료인 셈으로, 이 가운데 중수소는 바닷물에서 무한정 얻을 수 있다. 반면 삼중수소는 자연 상태로는 거의 존재하지 않는다. 그래서 리튬을 이용해 삼중수소를 얻는 방법이 연구되고 있다. 핵융합로 내에서 핵융합 반응의 결과물인 중성자와 리튬을 이용해 삼중수소를 자체적으로 생산해 내는 것이다. 이처럼 삼중수소를 만들어 낼 수 있는 리튬 함유 물질을 '삼중수소 증식재'라고 한다. 즉 '삼중수소 증식재'는 핵융합 연료 생산에 매우 중요한 역할을 하는 물질이다.

국가핵융합연구소 연구진이 삼중수소 증식재를 대량으로 제작할 수 있는 기술을 개발했다고 한다. 더불어 대량 생산 장치까지 개발하는 데 성공했다. 해당 기술과 대량 생산 장치에 개발에 성공한 것은 세계에서 최초이다. 국가핵융합연구소 연구진과 ㈜IVT 기술진이 2년 동안 흘린 땀의 결정체로 핵융합실험로(ITER)가 완성되면 즉시 납품이 가능한 상태라고 하니 여간 반가운 일이 아니다.

숙적과
난적

　지리적이나 역사적으로 한국과 밀접한 연관성을 갖고 있는 한국과 일본 양국은 유사 이래 수많은 접촉과 교류를 가져왔다. 특히 20세기 전까지 양국관계는 적지 않은 우여곡절을 겪어오는 가운데 일본의 조선식민통치라는 씻을 수 없는 전력을 기록하기도 하였다. 그러나 시대의 고금을 통틀어 우리가 단언할 수 있는 분명한 사실 중의 하나는 적어도 일본으로서는 "한반도의 안정이 자국의 안보에 직결된다"는 인식이다. 이러한 인식은 일본이 한반도를 아시아 대륙의 진출경로 내지 전진기지 또는 교두보로 인식하는 것임과 동시에 아시아 대륙으로부터의 외부세력 침투를 막기 위한 완충지대로서 인식해 왔음을 반증하는 것이기도 하다.

　이렇게 밀접한 연관성을 가지고 있으면서 늘 티격 거리는 이웃이다. 위안부와 강제징용 문제로 소송 등 경제제재로까지 발전하여 우리나라의 주력 수출 품목인 반도체와 스마트폰 등에 사용되는 3개 품목에 대한 수출 통제 조치를 실행했다. 이로 인해 일본 제품의 불매운동이 10대 20대 젊은이들로 시작하여 전 국민으로 확산되었다. 끝내는 일본과 맺은 지소미아(한·일 군사정보보호협정) 파기의 지경에 이르렀다.

이런 가운데 지난주 세계야구소프트볼연맹 프리미어12가 있어 큰 관심을 불러일으켰다. 결과는 일본이 우승. 한국은 준우승에 그쳤다. 한국은 충분히 선전했으나 도쿄돔에서 열린 결승전에서 일본을 만나 3-5로 패했다. 4년 전 초대 우승의 영광을 되풀이하는 데는 실패했다. 또 하루 전 일본과 슈퍼라운드 마지막 경기에서도 8-10으로 져 이틀 연속 한일전 패전을 안는 아쉬움을 맛봤다.

한국, 일본, 대만은 오랜 시간 야구로 질긴 인연을 맺어왔다. 특히 객관적인 전력 면에서 가운데에 위치한 한국은 한 수 위 일본과 한 수 아래 대만 사이에서 늘 팽팽한 긴장감을 유지해야 했다. 라이벌이라는 관계는 무척 신비하다. 한국은 늘 일본과 만날 때마다 실력 이상의 경기를 펼쳤고, 대만 역시 한국만 만나면 기량 이상의 경기력을 보여줬다. 한국은 다른 나라보다 두 배로 긴장했다. 일본과 대만 양국이 모두 "한국은 무조건 꺾는다"는 출사표를 던지기 때문이다.

국제무대에서 한국과 일본의 숙적 관계는 더 이상 설명할 필요도 없다. 중요한 순간마다 장군과 멍군을 주고받으며 팽팽한 라이벌전을 펼쳤다. 그러나 대만은 한국이 드러내 놓고 라이벌이라 표현하지 않았을 뿐, 늘 빼놓지 않고 신경 써야 하는 난적으로 여겨졌다.

박항서 축구감독이 이끄는 베트남은 19일 베트남 하노이의 미딩국립경기장에서 니시노 아키라 사령탑이 지휘하는 태국과 2022년 카타르월드컵 아시아 2차예선 G조 5차전을 치렀다. 베트남과 태국의 신경전. 이유가 있다. 두 팀은 동남아시아를 대표하는 라이벌 국가다. 인도차이나 반도에 위치한 두 국가는 최근 정치, 경제, 스포츠 등에서 경쟁 중이다. 이번 경기는 단순한 축구의 의미를 넘는다. 자존심이 걸린 문제였다. 그래서 더 많은 관심이 쏠린 한 판이었는데 0대0 무승부로 비겼다.

한국인 우리가 유독 관심 가졌던 건 베트남과 태국 간의 경기보다도 베트남의 한국인 박항서 감독과 태국의 일본인 니시노 아키라 감독이었다. 차도살인(借刀殺人). 남의 칼을 빌려 사람을 죽인다는 말이다. 남의 힘을 빌려 적을 치면 자신의 힘을 쓰지 않고 일을 쉽게 도모할 수 있다. 내 칼에 피를 묻히지 않고 남의 칼에 피를 묻히는 고도의 전략이다.

모든 스포츠를 보는 즐거움은 어차피 대리만족이기는 하다. 프리미어12에서 숙적 일본을 쓰러뜨리지 못했지만 베트남이 태국을 이김으로써 아쉬움을 달래고픈 한국인의 열망이었으리라.

기호
지세

　남북조시대 말, 북주(北周, 557~581)의 선제(宣帝)가 죽자 재상 양견(楊堅)이 정사를 담당하게 되었다. 한족(漢族) 출신인 그는 북방 선비족(鮮卑族) 국가인 북주에서 무관으로 큰 공을 세웠다. 북제(北齊)를 복속시키고 그곳의 총관이 되었으며, 자신의 딸을 황제인 선제의 사위로 삼기도 하였다. 그러던 차에 선제가 죽고 뒤를 이어 나이 어린 정제가 즉위하자 양견은 한족 출신 대신과 부인의 세력을 규합하여 모반을 꾀하게 된다. 이때 양견의 부인이 그에게 보낸 편지에는 이렇게 쓰여 있었다. "맹수를 타고 달리는 형세이므로 도중에 내릴 수는 없습니다. 만일 내린다면 맹수의 밥이 될 터이니 끝까지 달릴 수밖에 없을 것입니다. 부디 뜻을 이루시옵소서."

　결국 양견은 부인의 격려에 고무되어 격렬하게 저항하는 황제 측 세력을 물리치고 모반에 성공한다. 이후 양견은 문제(文帝)라 일컫고 수(隋)나라(581~618)를 건국하는데, 8년 후에는 남조 최후의 왕조인 진(陳, 557~589)마저 복속시킴으로써 천하 통일을 이룩하게 된다.

범에 올라탄 기세. 즉 이미 시작한 일이라 도중에 그만둘 수 없는 상황을 이야기할 때 종종 인용되는 말이다. 그 뜻으로만 보면 용감한 모습을 나타낸다고 생각하기 쉽지만, 그렇지만은 않다. 호랑이 등에 올라타면 도중에 내리는 순간 호랑이밥이 되고 마는 것이다. 그래서 중도에 그만둘 수는 없고 끝을 내야만 할 형세를 가리킬 때 쓰는 표현이다.

초나라 선왕宣王 때의 일이다. 언젠가 선왕이 말했다. "내 듣자하니, 북방 오랑캐들이 우리나라 재상 소해휼을 두려워하고 있다는데 그게 사실인가?" 그러자 대신 강을이 "북방 오랑캐들이 어찌 한 나라의 재상에 불과한 소해휼을 두려워하겠습니까? 여우가 호랑이에게 잡힌 적이 있었습니다. 여우가 호랑이에게 말했습니다. "나는 하늘의 명을 받고 파견되어 온 사신으로 백수의 제왕에 임명되었다. 그런데도 네가 나를 잡아먹는다면 이는 천제의 명을 어기는 것이 될 것이다. 내 말이 믿어지지 않는다면 내가 앞장설 테니 너는 뒤를 따라오며 모든 짐승들이 나를 두려워하는 것을 확인하라." 이 말을 들은 호랑이는 여우를 앞장세우고 그 뒤를 따라갔다. 그러자 과연 여우가 눈에 띄기만 하면 모든 짐승들이 달아나는 것이었다. 앞장선 여우 때문이 아니라 뒤에 오는 자신 때문인지를 호랑이 자신도 몰랐던 것이다. 초나라는 그 땅이 사방 오천리에 백만의 군사를 거느리고 있다. 오랑캐들이 두려워하는 것은 재상 소해휼이 아니라 그 뒤에 있는 대왕의 나라임은 두말할 필요도 없다. "어찌 여우를 호랑이에 비할 수 있겠습니까?"라고 했다.

태어난 지 이제 17개월 된 손녀가 하도 토끼를 좋아해서 토끼 한 쌍을 샀다. 손녀는 수시로 토끼에게 사료도 주고 상추, 당근을 주며 좋아했다. 토끼는 무럭무럭 자랐다. 토끼가 커감에 따라 처음 새끼 때의 귀엽고 앙증스런 모습이 사라져 갔고 토끼장 또한 비좁아 방안에서 키우기에는 무리여서 농장으로 옮겼다.

어느덧 어미가 된 토끼들. 널찍한 공간과 토끼가 살기에 쾌적한 환경이 조성되자 새끼를 낳았다. 번식력이 강하다는 말은 들었으나 한꺼번에 10마리씩이나 낳는 줄을 몰랐었다. 그 새끼들은 또 어미가 되어 새끼를 낳는다. 이제는 우리 안에 도대체 몇 마리가 되는지 헤아릴 수 없을 정도가 되었다.

고민스럽다. 이대로 키울 수도 없고, 방생하자니 농작물을 다 해치고 말텐데 정말 이러지도 저러지도 못하게 되었다. 어쩔 것인가. 그래도 농사를 망칠 수는 없지 않겠는가. 그야말로 기호지세다.

손녀는 울다가도 "토기 보러 가자"하면 울음을 뚝 그친다.

에미
야

　드디어 손주 녀석이 태어났다. 그렇게 배가 부르더니 4.2kg이나 되는 건강한 아이다. 요즘 모두들 수술을 원한다는데 며느리는 자연분만을 고집했다. 감사한 일이다. 또 감사한 일은 2년 전 손녀를 안겨주더니 이번엔 손주다. 그야말로 200점 며느리다.

　아이를 갖으면서 아들 부부는 태교에 신경을 썼다. 사실 뱃속에 있는 태아에게 말을 거는 게 어색하고, 듣지도 못하는 아기에게 무슨 영향이 있을까 하는 의문도 들지만 그게 아니었다.

　며느리는 수시로 뱃속 아기와 대화를 했고 따뜻한 동화를 읽어주기도 했다. 특히 내가 쓴 동화집 "껄떡새와 꿀꺽새"를 열심히 들려주곤 하였다. 할아버지로서 또 다른 감흥을 느끼는 시간이기도 했다. 바삐 사는 아들도 틈나는 대로 배에 대고 서투르지만, 이야기를 들려주곤 했는데 그런 모습을 바라보고 있노라면 또 다른 혈육 간과 가족애를 느꼈고, 아들 부부에겐 좋은 추억이 되었을 것이다.

　며느리는 임신 내내 태교를 열심히 했고 배냇저고리와 발싸개 겉싸개 등 육아용품을 준비하며 행복해 했다. 그 모습이야말로 이 세상에서 가장 아름다운 모습이 아닐까 싶다. 아기도 뱃속에서 느꼈을 것이다. 자신을 사랑으로 기다리면서 이야기하는 엄마의 마음. 아이를 사랑하는 마음이 아이에게 전해지는 것. 클래식을 들으며 동화책을 읽어주던 며느리.

　교육에 관한 성어가 많은 만큼 가르치는 환경의 중요성에 대한 가르침도 많다. 검은 먹을 가까이하면 자신도 검어진다. 近墨者黑(근묵자흑)이다. 孟子(맹자)의 어머니가 세 번이나 이사를 하며 교육환경 좋은 곳을 골랐다. 孟母三遷(맹모삼천)이다. 남쪽의 귤이 북방에 가면 탱자로 되는 南橘北枳(남귤북지, 枳는 탱자 지)도 알려졌다. 삼밭 가운데서(麻中) 자라는 쑥(之蓬)이라는 이 성어도 죽죽 곧게 자라는 삼밭에서는 아무렇게나 커가는 쑥도 영향을 받아 바르게 클 수밖에 없다. 환경이 좋거나 선량한 사람들 사이에 있으면 자연스레 주변에 따르게 된다는 것을 의미했다.

　荀子(순자)에 나오는 구절에서 유래했다. 性惡說(성악설)을 주장해 맹자에 맞섰던 戰國時代(전국시대) 말기의 사상가 荀況(순황)의 저작이다. 첫 부분 勸學(권학)에 실려 있는 옆으로 벋으며 자라는 쑥도 곧게 자라는 삼밭에서 자라나면 붙잡아주지 않아도 곧게 자란다(蓬生麻中 不扶而直/ 봉생마중 불부이직) 에서 나왔다. 蓬生麻中(봉생마중)이란 성어도 출처가 같다. 바로 이어지는 부분이 하얀 모래도 검은 진흙 속에 있으면 모두 검어진다(白沙在涅 與之俱黑/ 백사재열 여지구흑)이다.

다른 예도 재미있는 것이 많다. 서쪽 지방의 길이 네 치의 작은 射干(사간)이란 나무는 높은 꼭대기에 자라서 먼 곳을 볼 수 있다. 이런 자리를 잘 잡은 것과 반대로 남쪽 지방의 蒙鳩(몽구)라는 새는 둥지를 튼튼히 지어도 갈대에 매달았기 때문에 부러져 새끼를 죽게 한다. 향기가 좋은 槐(난괴)의 뿌리 芷(지)가 흙탕물에 잠기면 그 향초에 군자든 일반 사람이든 가까이하지 않는다. 芷漸?(난지점수)란 성어는 여기서 나왔다.

악한 사람을 가까이하면 반드시 자신도 화를 입게 된다고 '모진 놈 옆에 있다가 벼락 맞는다'고 했다. 공익을 위해 일을 해야 하는 공직자가 이권을 노리고 접근하는 무리들에 의해 뇌물을 받고 쌓아온 명예를 먹칠하는 사람이 많다.

이렇게 사람에게 있어서 주위환경은 커다란 영향을 준다. 비록 뱃속에 있어 듣지 못하고 보지는 못하지만 아이에게 커다란 영향이 미칠 것이란 믿음으로 태교하는 동안 항상 온화한 마음가짐과 올곧고 따뜻한 생각을 함으로써 건강한 아기가 탄생했다.

"아가야"하고 불렀는데 이제는 "에미야"하고 부르게 된 며느리가 고맙다.

예쁜 글씨

1

의사를 전달함에 있어서 그 방법이 여러 가지가 있다. 말로 할 수가 있는가 하면 글로 쓰기도 하고 수화나 몸짓으로도 한다. 말로 할 때는 직접 만나서 얼굴을 마주 보고 하기도 하지만 전화를 이용할 수도 있다. 통신기술이 발달한 요즘은 편지, 혹은 전화도 메시지나 영상통화로 소통한다.

이따금 아들에게 편지를 받는다. 전화나 메시지로 받을 때와는 전혀 다른 커다란 감동을 한다. 생일날, 연말, 결혼 등 특별한 날 주로 받는데 편지를 받을 적마다 글씨를 보고 깜짝 놀라곤 한다. 180키에 100킬로그램에 육박하는 큰 덩치가 무색하리만큼 글씨는 깨알이다. 또박또박 박은 듯 작은 글자는 정갈하다. 솥뚜껑 같은 큰 손으로 어쩌면 이렇게 작은 글씨를 쓸까 의아하다.

30여 년간 글을 써오면서 지금도 원고지에 쓰는 게 편하고 시상도 잘 떠오르는 것은 오랜 습관 때문일 것이다. 그런데 아들과는 반대로 내 글씨는 매우 크고 악필이다. 천천히 오래 생각하면서 깊이 사색하지만, 손은 눈 깜짝할 사이로 재빨리 움직인다.

그야말로 속필이니 마치 속기법처럼 글자는 휘갈겨져 웬만한 사람은 무슨 자 인지 알아보지 못한다. 200자 원고지에 써놓은 글씨를 헤아려 보면 아마 150자도 안 될 것이다. 아무리 악필이지만 매번 그렇지는 않다. 경조 시 봉투에 쓰거나 계약서 등 서류에 쓰는 글은 평소 쓰는 글씨와는 전혀 다르다. 내가 쓴 미려한 글씨를 보고 놀라는 사람이 많은 걸 보면 나는 아름다운 글씨를 쓰는 게 분명하다.

한글은 자음 14개와 모음 10개를 이용하여 조합함으로써 글자가 만들어진다. 이 중에는 받침이 있는 글자와 받침이 없는 글자가 있다. 예쁜 글자는 크기와 적절한 배열을 통하여 탄생하게 된다.

예쁜 한글을 쓰는 데는 몇 가지 유념해서 써야 할 원칙이 있다. 우선 모든 글자는 자음(ㄱㄴㄷㄹㅁ……)+모음(ㅏㅑㅓㅕㅜ……)의 조합형으로 자음과 모음이 합쳐져야 한 글자를 이루게 된다. 이렇게 합쳐진 글자의 형태는 세모(△)로 통한다. 세모를 옆으로(◁) 누이던, 세모 두 개(△+▽) 위아래로 합치던(◇) 세모다. 즉 △형은 자음이 위에 있고 모음이 아래 붙는다. 또 원쪽 자음을 두고 오른쪽에 모음을 붙이면 ◁형이 되고, 자음+모음+자음의 받침이 있는 글자는 마름모 ◇꼴이 된다. 즉 ◁형은 가, 냐, 더, 려, 미……등이고, △형은 구, 뉴, 드……등이며, ◇형은 국, 곡, 듣……등이다.

다음은 쓰는 순서인데 우선 좌(左)에서 우(右)쪽 오른쪽 방향으로, 위에서 아래로 쓰면 된다. 만약에 이를 무시하고 모음(ㅓㅏㅣ,ㅗㅜㅡ……등) 오른쪽이나 아래에 모음을 먼저 쓰고 왼쪽이나 위쪽에 자음을 나중에 쓰면 절대로 예쁜 글자가 나올 수 없다는 것을 명심해야 한다. 반드시 좌에서 우로, 위에서 아래로 쓴다. 예쁜 글자가 되기 위해선 위쪽이나 왼쪽에 있는 자음은 작고, 자음 아래나 밑에 붙는 모음이 자음보다 크게 써야 한다. 또한, 받침이 있는(자음+모음+자음) 자음은 크기가 같아야 좋다. 자칫 위쪽의 자음이 크면 가분수처럼 위태롭게 보이고 아래 자음(받침)이 크면 안정되게 보이는 듯하지만 경직된 분위기다.

요즘 거리에 나가보면 예쁜 글씨들을 이곳저곳에서 간판이나 유리창에 쓴 메뉴판 등에서 볼 수 있다. 캘리그래피다. 캘리그래피는 붓글씨로 쓴 글로 정자체로 쓰는 글이 아니라 개개인의 개성을 살린 글자로 글자체를 자기 마음대로 쓰는 것이다. 그래서 예전에 쓰던 정자체의 붓글씨와는 다른 캘리그래피만의 매력을 가지고 있다. 말하자면 내가 생각하고 있던 예쁜 글씨와는 거리가 먼 기법인 것이다.

2

　한글은 조합형이다. 자음과 모음을 합성하여 한 글자를 만들어낸다. 원고지 작성 시 1칸 들여쓰기를 한다. 이에 컴퓨터상에서 1타만 들여 치는 이들이 많은데 이는 한글이 조합형이라는 사실을 생각지 않은데서 나오는 오류이다. 원고지 1칸은 자음 + 모음의 1칸이라는 것을 명심해야 한다. 당연 컴퓨터에서는 첫 문장을 시작할 때 첫 글자는 반드시 2타의 공타를 쳐 띄운 다음 시작해야 한다. 즉, 2타는 자음과 모음을 합한 1자이니 원고지에서 볼 때 1자를 들여 쓴 것이다.

　컴퓨터 이야기가 나와서 말인데 좌에서 우로 치다 보면 갑자기 다음 줄로 넘어간다. 이것은 한 단어가 타수가 너무 길어서인데 그러면 오른쪽 부분이 들쭉날쭉하게 된다. 이를 극복하기 위해 양쪽정렬 아이콘을 사용하면 된다. 참고로 정렬 아이콘에는 왼쪽정렬, 오른쪽정렬, 가운데 정렬, 배분정렬, 나눔정렬이 있다. 문장을 보기 좋게 만들기 위해서는 이를 잘 이용해야만 한다.

자음과 모음을 조화롭게 잘 배치하여야 예쁜 글씨가 된다. 자음과 모음이 서로 붙거나 너무 간격이 멀면 절대로 예쁜 글자가 만들어지지 않는다. 크기는 대체로 자음이 모음보다 작아야 한다. 한글은 언제나 자음이 먼저 쓰이게 되므로 전 편에서 말했듯이 한글은 세모(◁△)형태 내지는 세모 두 개(△+▽=◇)의 마름모꼴의 예쁜 글자로 완성되는 것이다.

물론 한글은 크기가 똑 고르게 쓴 것이 예쁘지만 때로는 비뚤어졌어도 예쁘게 보일 수도 있다. 친구 중에 글자가 항상 오른쪽이 올라가게 쓰는 친구가 있다. 그의 글씨를 보는 사람들은 다들 잘 썼다고 한다. 한글은 오른쪽이 왼쪽보다 약간 위로 올라간듯 써야 한다. 오른쪽이 쳐진 글자는 절대 예쁘게 보이지 않는다.

한글은 가로쓰기와 세로쓰기를 자유자재로 할 수 있다. 요즘은 가로쓰기가 대중화되었지만 전에는 신문도 세로쓰기를 주로 하였다. 세로쓰기는 가로쓰기와는 달리 오른쪽 끝을 맞추면 예쁘게 보인다. 모음 ㅏ, ㅑ 등 점이 오른쪽 수직에서 벗어나도 내려긋는 ㅣ가 오른쪽 끝에 오면 된다. 특히 한글에서는 붓을 사용할 때 오른쪽 수직선에 맞추지 않으면 어수선해 보임을 명심해야 한다.

또 글씨 크기가 고르지 않더라도 문장 전체가 예쁘게 보이는 수가 있다. 단어 중 첫 글자를 크게 쓰고 뒷글자를 작게 쓰는 법이다. 즉 영어에서 첫 자를 대문자로 처리하는 것과도 같다. 이때 뒷글자는 첫 자의 중간 정도 높이에서 시작하여 가급적 아래쪽에 중심을 맞춘다. 다만 자음+모음+자음으로 받침 자음이 있을 경우 밑 아래로 처져도 좋은데 이것은 영문 필기체에서와 같은 방법으로 내가 주로 멋 내어 쓸 때 사용하는 방법이기도 하다.

한글은 자음 14자와 모음 10자로 기본 24개의 조합으로 이루어진다. 자음+모음은 받침이 없는 글자요 자음+모음+자음은 받침이 있는 글자이다. 한글은 ㅡ ㅣ ㄱ ㄴ ㅁ ㅇ으로 만들어지는데 ㅡ 는 예쁘게 해주고, ㅣ는 기둥역할을 해주며, ㄱㄴ의 직각과 곡선은 부드럽게 만들고, ㅁ은 예쁘고 ㅇ은 얼굴과도 같다.

자카르타의 찌아찌아족은 언어는 있는데 문자가 없다고 한다. 그곳에서 한국어를 가르치는 이가 있는 것을 어느 방송에선가에서 본적이 있다. 이름이 확실치는 않은데 정덕영씨로 기억한다. 그는 찌아찌아족 뿐만이 아니고 부로톤 바우족, 바다의 집시라고 불리는 다다우족에게도 한국어를 가르친다. 부족마다 언어가 전혀 다르지만 한국어를 가르치는데 큰 어려움이 없다 하였다. 그들이 쓴 한글을 보면서 어찌나 예쁘게 썼던지 한글을 쓰는 내가 놀랐었다. 정말이지 우리 아들보다도 예쁘게 쓴 한글이었는데, 아들에게도 한글 쓰는 요령을 가르치면 예쁜 글씨를 쓰게 될까?.